Knowledge BASE 系列

一冊通曉　探索自我，找到人類的真正幸福

圖解 榮格心理學

長尾剛 著　蕭雲菁 譯

跟著榮格的腳步悠遊心靈地圖

文◎林家興
（國立臺灣師範大學教育心理與輔導學系退休／兼任教授）

開放且勇於探索的心理學家

　　易博士文化出版社賴副主編邀我為本書寫序的時候，我一口氣就答應了，原因很簡單，就是因為我有機會可以再一次地透過閱讀親近心理學巨人卡爾‧榮格醫師。在學習心理分析的漫漫長路上，我是一九八七年到洛杉磯工作之後，因為參加沙箱治療（編按：即箱庭療法，參照第34頁）而認識榮格心理學的，當時曾經參加過日本首位榮格心理分析師河合隼雄的沙箱治療工作坊。不過很可惜的是，當年因為閱讀榮格心理學的英文典籍，覺得很吃力，也就沒有繼續學習下去。我在一九九六年返台任教台灣師大心輔系，因為開設心理諮商理論等相關課程的關係，再度閱讀有關榮格心理學的相關著作，更加覺得榮格心理學對於吾人心靈的探討十分深入，非常具有啟發性。

　　榮格不同於其他西方心理學家的地方，在於他開放且勇於探索的態度，出身於基督教家庭卻不囿於宗教的限制，學習精神醫學卻又敢於超越科學的領域，在閱讀和旅行的範圍，他是跨越時空和地區的。他研究的興趣還包括各種人類

的神祕現象，對於東方思想的深奧深感共鳴。無疑地，榮格的心理學理論體系非常地博大精深，值得我們尊敬和學習，但是卻又不是那麼容易親近和理解。

親近榮格心理學的最佳起點

很多人和我一樣，非常敬仰榮格，也很想要透過閱讀接近榮格，了解榮格心理學，了解自己的內心世界，可是卻因為外文原典難以閱讀，翻譯的榮格中文著作也是不容易理解，因此感到十分的挫折。很高興看到這本《圖解榮格心理學》的出版，這是一本以淺顯易懂的解說方式，協助一般大眾能夠很容易地了解榮格心理學的內容。由於原文作者長尾剛先生本人並非心理學家或心理師，反而可以使用很顯淺的文字，來介紹高深複雜的榮格心理學概念和專有名詞。許多深奧難懂的心理學名詞，例如：原型、集體潛意識、人格類型、情結、陰影、阿尼瑪、阿尼姆斯、面具、投射，以及本我等，本書均使用淺顯的文字和圖解方式，加以解釋，幫助讀者很快地了解，這是本書之所以令人親近和喜歡的主要原因。

透過榮格導遊深度了解內心世界

每個人最感興趣的人莫過於自己，最想要了解的人也是自己。榮格心理學的發展其實就是榮格探索自己、以及了解

人類心理的結果。榮格可以說是一位勇於探索內心世界的心理學家，閱讀本書猶如在一位傑出的心靈導遊的陪伴之下，進行一場深度的人類內心世界之旅。我自己因為從事心理諮商的臨床與教學工作，對於人類心理的複雜性有著第一手的接觸和體會，讀者如果想要增進對於自己與他人內心世界的深度了解，學習榮格的深度心理學是一門不可或缺的學科。在心理學的領域裡，最著名的深度心理學除了佛洛伊德的心理分析，就是榮格的分析心理學。

　　俗話說人心難測，一般人也常常感慨地說：人心真的很難懂。根據榮格的看法，人心之所以複雜難測，就是因為人同時存在許多對比的性格，互為對比，互為補充，也同時互相衝突。例如，外向的人，他的內心世界裡同時存在著內向的特質；內向的人，他的內心世界裡同時存在著外向的特質。又例如，男性的內心世界裡存在著女性的特質，女性的內心世界裡卻存在著男性的特質。每個人在生活中總會帶著一些面具，可是在這些面具的背後卻又存在著真實的自我，比方說品德良好的人，卻同時在內心世界裡存在著陰影。人心的複雜由此可見一斑。學習覺察每個人自己內心世界裡的對比性格，並且保持它們的平衡，便是每個人的功課，也是促進自我了解與心理健康的有效方法。

榮格在心病上的獨特觀點

　　人為什麼會得到心理疾病或心病？閱讀本書可以看到榮格對於心理疾病有其獨到的見解，有別於佛洛伊德認為心病是由於本能與意識的衝突，以及嬰幼兒時期性心理受到壓抑，導致不良的人格發展。榮格認為心病是意識與潛意識失衡的結果、以及內在對比性格的嚴重衝突使然。人既然深受潛意識的驅使和影響，卻又沒有自覺或能力去處理意識與潛意識的失衡和性格的衝突，自然就會形成心理疾病了。

　　榮格不僅解釋心理疾病的成因，他同時也提出治療的方法，例如他會使用對話、造景，以及夢境分析三種方法，來幫助當事人發掘壓抑在自己心靈深處的壓力，探索潛意識世界裡的心病原因。所謂對話，就是使用會談的方式來進行心理諮商；所謂造景，就是使用沙箱或繪圖的方式，來進行自我探索；而所謂夢境分析，就是邀請當事人說出夢的內容，然後進行積極地想像和分析。即使到了今天，這些治療方法仍然被後代榮格心理分析師和一般心理治療師繼續沿用，於此可見，榮格的貢獻不僅是理論上的創新，而且是在臨床心理治療實務上的應用。

閱讀榮格進而自我探索

　　對於想要進修或閱讀榮格心理學的民眾，我覺得本書可以說是一本最適合的入門書，透過本書的閱讀，可以很快地掌握榮格心理學的基本概念。在正確了解這些基本概念和

專有名詞之後，就可以進一步閱讀榮格的原典，包括中文翻譯的榮格著作。對於探索自己內心世界和人類心靈有興趣的人，也可以從本書中獲得很多的學習。如何閱讀本書呢？我建議讀者可以逐頁閱讀，也可以挑選自己有興趣的章節閱讀，閱讀的時候可以先看文章再看圖解。對於看不懂的部分，就先暫時跳過去，以後再請教這方面的老師、參考榮格其他著作，或者查閱心理學辭典。

我個人認為單獨要靠閱讀進行自我探索是比較困難的，如果能夠配合靜坐來自我沈澱，效果會好一點，若是可以找一位心理師進行自我探索的心理諮商，效果又會更好。不可諱言的，自我探索是人生一輩子的功課，愈了解自己就愈能掌握自己，也就愈能有知有覺地過生活和從容地面對世間的一切。

林家興

了解榮格心理學探索人心奧祕

「人心真的很難懂……。」

相信不論是誰，一定都曾經有過這樣的想法，而且在某些場合裡，一定又會再度湧現這個想法。

複雜又深奧的「人心」，究竟它的真面目為何？又有什麼意義？正面挑戰這個「人類終極疑問」，並提供具有強烈說服力的完美解答的就是現代心理學巨匠──卡爾·古斯塔夫·榮格（Carl Gustav Jung，1875-1961）。

這位巨匠所開創的榮格心理學，是一門充滿獨創性的學問，完全是針對人心的疑問，所提出的「榮格式的解答」，因此受到外界不少的批評與反駁。

不過相對於這些批評與反駁，他的理論更受到廣大的群眾支持，認為他的出色理論，正是解開人心疑問的關鍵所在。更重要的是，榮格心理學找到了能夠拯救被心病折磨的人的方法，為這些病患帶來希望。

榮格心理學是一門為求解開人心，不斷大膽嘗試採用所有方法的學問，研究對象也橫跨許多領域，不僅從研究夢境開始，也將所有的神話和宗教、中世紀的魔法、以及古中國的占卜、甚至是天空的幽浮和地上的幽靈，全都列入研究的素材，也因此有不少人僅看到榮格心理學的一部分時，會認

為它是一派胡言，而對它產生誤解。

其實，榮格所追求的，是透過探索人心來確認人類的完美之處、以及人類未來的發展可能性，並從中找出人類的真正幸福。因為榮格確信，唯有找出對人類而言的真正幸福，才能讓人得到所有的喜悅。榮格心理學就是為了達成這個目標而存在的一門學問。

這本《圖解榮格心理學》以淺顯易懂的解說方式，幫助一般大眾能夠輕易理解榮格心理學的內容。筆者相信，各位讀者只要以輕鬆的平常心來閱讀這本書，就能理解其基本內容，並恍然大悟：「原來這就是榮格心理學……」。

在一九六〇年代，日本才首次正式介紹榮格心理學，當時是由從蘇黎世的研究所學成歸國的河合隼雄先生，發表其研究成果之故，之後，日本就不斷輩出優秀的榮格心理學研究者，現在甚至有所謂「日本榮格心理學研究會」等研究團體，不斷活躍地進行著許多活動。

不過筆者寫作時，採取與這些研究榮格心理學的專家們不同的立場，換句話說，筆者是站在與廣大讀者相同的立場，亦即心理學門外漢的角度，來執筆本書。所以對於專家們一定會說明的部分當中，如果對於初次接觸榮格心理學的讀者而言，會是比較難以理解的話，筆者一律排除介紹。

這是因為筆者認為，如果一般讀者接觸到這種很難理解的說明時，恐怕會認為「榮格心理學好難懂」，而對榮格心理學產生先入為主的排斥感，這樣一來不免令人感到惋惜，

因為不論對誰來説，「了解榮格心理學」絕對是一件非常值得的事情。

　　本書共分為四章，第一章到第三章可説是本文的重心，只要依序讀完前三章的內容，就能夠掌握到榮格心理學的重點。至於第四章，主要是針對榮格心理學中最容易被誤解的部分，也就是「宗教性的問題研究」所做的説明。或許有些人會認為榮格心理學總讓人覺得有些胡説八道，不過只要讀過第四章之後，相信就能一掃這種錯誤印象了。

　　在心理學領域裡，與榮格相比較下，若要説誰才是與其地位相對等的著名人物時，那就非佛洛伊德（Freud，1856-1939）莫屬了。在本書每一章後面的專欄裡，會將榮格與佛洛伊德之間的關係做一整理説明，讀者可以透過這些花絮，更加了解榮格的主張。

　　在撰寫這本書的過程中，筆者參考了許多前輩們對榮格所做的研究分析，在此表達衷心的感謝之意。

　　另外在此也要非常感謝清水兄、以及かんき出版社的編輯人員瀧田兄，如果沒有他們的傾囊相助，本書恐難順利出版。

二〇〇三年初冬　**長尾剛**

第 **1** 章

什麼是「榮格心理學」？
掌握榮格心理學的基礎

第 **2** 章

持續不斷探索「潛意識世界」的榮格
了解榮格心理學中的「集體潛意識」、「心理類型理論」和「情結」

Contents

Contents

第 **4** 章

揭開榮格與「神祕現象」的面紗
榮格如何看待靈魂、幽浮等物？

Contents

什麼是「榮格心理學」？

掌握榮格心理學的基礎

.... 學 習 重 點 ....

- 探索自己內心世界的榮格心理學
- 潛意識一旦失控就會造成可怕的後果…
- 心病是由潛意識造成的
- 了解心病及克服心病的方法
- 透過字詞聯想測驗法來探索潛意識世界
- 窺探潛意識世界的方法
- 何謂「一號人格」與「二號人格」
- 心理學是一門「無法以科學方式驗證的科學」

另一個「自己」的存在

關注在人們內心世界裡兩個對比性存在的榮格。

**探索自己
內心世界**

對現代人來說，榮格是第一位明確提出「人類內心世界裡存在著深層心理機制」的人。

他所整理出來的榮格心理學，是幫助我們了解「自己內心世界」的一種方法，也是幫助我們察覺到「自己內心世界真正的想法」、進而了解「什麼才是自己真正幸福所在」的有效手段。

在日常生活中人們很容易意識到什麼是自己想做的事、所憧憬的事、喜好厭惡的事、以及自己認為正確的事……，透過榮格心理學，我們可以了解到之所以如此認為的「自己內心世界裡的所有要素」。不過人類的內心世界並非只有這些要素而已。

人類的內心世界裡，除了自己所理解的部分、亦即「意識」之外，同時還存在著自己所不知道的部分、亦即「潛意識」，這也是榮格最先點醒我們的地方。

或許你會認為「怎麼可能會有自己不了解的內心世界？這種說法太奇怪了！」不過事實上，在日常生活中，應該都發生過讓人突然發現「自己不曾察覺到的內心世界」的情形。

例如每個人都有過「不知不覺就……這樣做了」、或是「情不自禁就……這樣做了」的行為經驗。一個平常最討厭看書的人，也從來不會有想要拿書來看的念頭，不過因為這本書實在是太有意思，所以不知不覺就通宵把它看完了。諸如此類的經驗應該每個人都有過。

**不易察覺
到的潛意
識**

為何會「不知不覺熱中於看書」呢？

首先或許可歸因於「因為這本書實在是太有趣了」，

但真的只是因為這個理由嗎？如果是一個打從心底討厭看書的人，即使書本再有趣，應該也會對「看書」這種行為感到厭煩，不可能還會從中感到喜悅。

其實最主要的原因在於這種人的內心世界裡，潛藏著「能夠享受閱讀樂趣」的心理要素，只要剛好遇到符合這個心理要素的內容讀物，潛藏在「潛意識中喜愛閱讀的要素」便會受到刺激表現出來，而引發了徹夜不睡、熱中看書的行為。這就是「平常不曾察覺到的潛意識中的自己」。

產生這種行為時，總會讓當事人事後感到「真不敢相信我會這麼認真地看書」，而對自己的行為「感到意外」，甚至對於這樣的自己，覺得就像是個陌生的「他人」一樣。

若站在「自己所察覺到的自己」的立場來看的話，

自己所不了解的另一個自己

能意識的部分

- 自己想做的事
- 自己認為正確的事
- 自己的喜好厭惡

→ 自己所了解的部分

心

潛意識的部分

「不知不覺就……這樣做了」
「情不自禁就……這樣做了」

→ 自己所理解之外的內心世界，亦即如陌生的他人般獨立存在的部分

這種「潛意識裡的自己」的確就像「陌生的他人一樣，是個獨立的存在」。而人們的內心世界裡，其實都存在著這種自己所不了解的獨立存在，也就是潛意識裡的另一個自己。

人的內心具有相反性格

此時不禁讓人感到狐疑的是：既然在自己的內心世界裡，存在著「喜愛閱讀」的要素，那麼是否代表著，在遇到一本內容有趣、自己不知不覺便通宵看完整本書之前，自己所意識、理解的自己是「討厭看書」，這樣的認知其實是一種錯誤的理解？換句話說，自己誤會了自己真正的想法？也就是說，「我很討厭看書」的自我主張是否是一個「虛偽」的表現？關於這點，榮格清楚說明了並非如此。

就這個例子來說，榮格認為不論是「討厭看書的自己」、還是「喜愛閱讀的自己」，都是「真正的自己」。

然而榮格的看法，或許又會引起另一個疑問，認為：「討厭看書」和「喜愛看書」根本就是完全相反的性格，怎麼可能都是真正的自己？

不過一個人的內心世界裡，本來就像這樣同時存在著不同性格，換句話說，人的內心世界同時存在著「自己所能意識到的部分」、以及「自己所無法意識到的內心深處裡的另一個部分」，這兩個部分恰巧具有對比的性質──這就是榮格所整理出來的答案。

對於人們「內心世界裡的基本系統」，榮格做了如下的詳盡說明。

互補的對比性格

為何人的內心世界會呈現出如此矛盾的現象？為什麼對比的性質會同時存在於同一個內心世界裡？對於人們而言，這種現象又有什麼正向的意義？

一般而言，只要是「對比的兩個存在」，不論這兩個存在的性質如何，基本上一定都是互相對立、互相矛盾

的、不然就是互相否定、互相攻擊的，因此實在很難讓人相信，一個人具有對比性格會有什麼正向的意義。但是榮格並非如此認為。

榮格認為對比性格的存在，並非互相衝突，而是互相補足另一方的不足。換句話說，正因為有對比性格的存在，所以人才能互補，成為「一個完整的形態」。

簡單地說，榮格認為正因為同一個內心世界同時存在著兩個「擁有對比性質的要素」，才能透過這兩個要素的互補，創造出一個「完整的人心」，也就是「完整的內心形態」。相反地，如果只呈現出其中一個性質，便會造成不完整的人心。

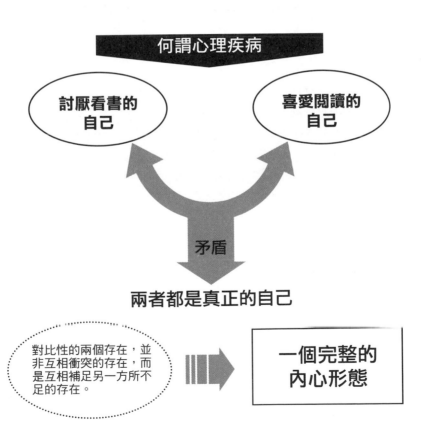

何謂心理疾病

討厭看書的自己

喜愛閱讀的自己

矛盾

兩者都是真正的自己

對比性的兩個存在，並非互相衝突的存在，而是互相補足另一方所不足的存在。

一個完整的內心形態

潛意識一旦失控就會造成可怕後果

意識與潛意識之間一旦失去平衡時就會造成心病。

至今仍獨占鰲頭的榮格心理學

榮格打從一開始就決定鑽研醫學，並以治療人們的疾病、讓人們都能擁有健康的身體，當成一生的職志。

然而榮格發現，人們除了會患上身體上的疾病之外，有時還會患上心理上的疾病。這些患有「心病」的人，身體上雖然沒有任何問題，但病患卻無法像正常人一樣過生活。因此年輕的榮格選擇了治療人們心理疾病的醫學領域，做為自己的行醫之路。榮格的研究成果，不僅是獨創的，直至今日仍具有相當大的療效，造福許多為「心病」困擾的人們。

什麼是心理疾病

對人們而言，好的存在方式應是指能持續生存、避開痛苦，並能與其他生物和平共存，唯有持續不斷地能以好的存在方式生活，才能稱為健康的生活。而一旦健康的生活方式發生變異，疾病便會出現。

疾病的症狀諸如毫無來由地感到焦躁；明知使用暴力不對，卻仍因芝麻小事而對人暴力相向；無法好好吃完一頓飯、睡覺等做好「生物維生的基本行為」；以及像是認為「自己是外星人」等將一般不可能發生的事情或現象當成真實，當出現這種情形時，就可說是患上了心理疾病。而如果症狀未加改善而持續下去的話，病患就會開始傷害周遭的人、也會傷害自己，甚至危及自己的生命。

反過來說，若有個人過著對一般人來說顯得非常怪異的生活，但只要能夠讓這個人好好地生活，也不至於傷害到周遭人的話，這個人就沒有心理疾病。

例如畫家或音樂家等藝術工作者，即使他們過著足不出戶的生活，與一般正常人的生活方式迥異，但他們只要

能從事藝術創作、進而創造出完美的藝術作品，不但他們自己會覺得充實，也會讓周遭的人因為接觸到他們的作品而感到幸福。對於這些藝術家而言，這種生活方式就是他們健康的生活方式。

　　如同身體上的疾病一樣，心理上的疾病始終都一直存在著，只是在榮格出現以前，一直未能被充分理解罷了。在此之前，假如有人因為心理疾病的緣故，使他不斷攻擊別人、或是傷害別人的感情，此時周遭的人若不了解什麼是心理疾病的話，當然就不會察覺到原來他是心理生病了，而恐怕只會一味地認為他是一個非常自私、不懂體諒的人，從此將他貼上標籤而嫌棄他、遠離他。

　　至於患者本人，即使意識到、理解到自己的行為對周遭人以及自己都是不好的，在沒有被正確診斷、接受正確

何謂心理疾病

心理疾病 = 身體上沒有任何毛病，卻無法像正常人一樣過生活。

- 毫無來由地感到焦躁。
- 明知道使用暴力是不對的，卻仍對人暴力相向。

**傷害周遭的人、也傷害自己，
甚至危害自己的生存。**

治療前也無法制止自己停止這種行為，因為患者無法控制自己的行為正是心病的典型症狀，如同感冒的病人雖然很想讓自己停止「發燒或冒冷汗」卻束手無策一樣。

意識與潛意識失去平衡時

　　長久以來人們始終無法理解心理疾病的真正原因及狀況，透過榮格獨自的研究與分析，終於找到了解答。如今，不論是以榮格為首的榮格心理學、還是其他專門領域的醫學，都對心理疾病做了許多分類。不過不管如何分類，心理疾病的根源都是相通的。

　　依據榮格的理論，心理疾病的發生是因為在病患的內心世界裡，意識與潛意識之間失去平衡的緣故。也就是說原本靜靜潛藏在病患內心深處裡、未曾被表露出來的潛意識開始失控的意思。

　　在人的內心世界裡，基本上都由「意識的部分（自己所能察覺到的理性部分）」掌控主導權，控制著「潛意識的部分」。當此控制得當時，人的內心世界就能得到平衡，相反地若控制力開始產生變異時，潛意識就會開始失控，使病患產生「周遭人竟然如此對我」的想法，因而發怒失控。

　　心理疾病就是因此而發病，且一旦發病之後如果沒有給予適當的處置，病情就會愈來愈惡化。

　　所以不論在什麼樣的情況（症狀）下，若發現自己身體上明明很健康，卻無法像正常人一樣過健康生活時，就可合理懷疑自己是否患上了心理疾病。

　　再者，如果自己周遭有人有這樣的情況（症狀）時，也應留心這個人是否患上了心理疾病，給予他更多的關懷與關心，並且寬容地接納對方，而不是只因為這個人的言行舉止，就單方面斷定對方自私任性、或是一個懶惰鬼，全盤否定這個人。

　　就如同有人感冒時，相信大家都不會勉強生病的人去上班，而是會對這個人充滿關懷，對他說一聲「好好保重」；對患有心理疾病的人，也應該以同樣關懷的態度來對待。

榮格對「心理疾病」的見解

 心理疾病 ＝ 在病患的內心世界裡，意識與潛意識之間失去了平衡。

原本靜靜潛藏在病患內心世界深處裡的潛意識開始失控。

阻止失控！

適當的處置
是不可或缺的！

自己及周遭的人
都應該隨時注意當事者的心理狀況。

榮格接觸精神醫學的機緣

榮格心理學既是治療心病的「醫學」，也是「研究心靈」的學問。

為什麼榮格選擇精神醫學

榮格是首位明確說出何謂心理疾病的人。

榮格生於一八七五年，在他十幾歲的時候就決定要走上醫學的道路。一八九五年進入醫學院就讀，不過此時的榮格想要研究的是治療身體疾病的醫學。

就讀醫學的他也像一般醫學院的學生一樣，開始迷惘該選擇研究哪一個醫學領域，在究竟要選擇外科還是內科之間猶豫不決。

唯一不同於一般人的是，榮格除了在醫學的道路上研究「人的身體」之外，對於「人的心靈」也始終保持著從孩童時代起就有的濃厚興趣，並且在學醫的過程當中，不斷地探索如何同時研究人的身體與內心。

在一個偶然的機會下，榮格接觸到當時才開始被研究的「精神醫學」，當他讀到精神醫學領域的教科書時，他情不自禁地大叫一聲：「就是這個！」一直在不斷摸索的榮格終於找到自己所要追求的醫學領域。

「唯有這條道路，才是生物學與精神上的真實共同存在的道路，那正是我一直在追求的道路」，事後榮格曾經如此描述自己當時的心情。

當時尚未發達的精神醫學

雖然榮格將精神醫學視為生物學與精神真實的融合，但當時的精神醫學如同天文學者還停留在觀測星象的階段一般，只發展到觀察並記錄心理疾病患者的言行舉止的階段而已。

在當時的精神醫學裡，還無法正確將患有心理疾病的人視為病人（需要被治療的人），而是將其視為罕見的自然現象一般，把這些人當做「怪異的存在」。（在今日

社會裡，一般對於來接受治療心理疾病的人並不稱為「病患」，而是將這些向專業醫師諮詢的人稱為「洽詢者」等，但本書為配合榮格那個時代的説法並為避免一般讀者混淆，因此統稱為「病患」。）

在對於心理疾病的研究尚未透徹的當時，榮格就已經察覺到心理疾病如同身體疾病一樣，都是可以被治癒的。換句話説，榮格發現患有心理疾病的病患，並不是一開始就是一個異常的存在體，他認為這種病患的本質就和健康的人沒有兩樣，都擁有正常的人格。

也因此榮格認為心理疾病的病患出現的症狀——幻想或幻覺，其實都含有能被理解的某種意義，而榮格就以此觀點，展開他對於精神醫學的獨自研究。

榮格所思考的精神醫學

十九世紀時的 精神醫學	患有心理疾病 的病患	=	未被正確理解為需要被 治療的人
榮格	患有心理疾病 的病患	=	與健康的人沒有兩樣， 都擁有正常的人格

「心理疾病可以被治癒」

幻想和幻覺都擁有某種意義

榮格從這個觀點開始研究精神醫學

之後榮格終於有了重大發現，那就是對於一般人而言沒有任何意義的事物，從病患口中述說出來時，對該名病患就有著連結個人體驗的意義，病患所說的內容，並非只是胡言亂語，因為對於該名病患而言，這些內容都是真實的事情。

想住在月球裡的少女

在此以一個榮格實際治療過的例子來做說明。

有一個十八歲的女孩來找榮格，她是一個有厭食和幻想等症狀的病患，沒多久她開始對榮格述說「我曾經住在月球裡」。

當時榮格並未表現出一副現實世界裡絕不可能有這種蠢事的輕蔑態度，而是始終保持「她正在述說對她而言是真實事件」的態度，持續與這個女孩對話。

榮格以這種態度，很有耐性地花了很長一段時間來治療這個女孩。

後來這個女孩終於接受自己其實是地球人，就算很想回到月球去，也已經回不去的事實，最後還回到家鄉結婚，過著平凡的日子。

這個女孩對於「住在月球時的點點滴滴」所做的描述，當然都只是她的幻想而已，對於一般人而言，一定會覺得這是一個毫無意義的捏造故事，但對於這個女孩而言，這卻是一個必要的回憶。

原來她在十五歲的時候，曾經被人性侵害過，因此她無法接受有這種悲慘回憶的現實世界，「月球裡的回憶」就是她的潛意識為了防止精神崩潰而創造出來的假象。也因此榮格從不否定她的這種回憶，而是接受這種回憶對她而言是一件真實的事情，不斷地與她接觸。

心病是由潛意識造成的

在如此不斷地治療與研究下，榮格終於確信心理疾病其實就是病患本人的潛意識所造成的疾病，並清楚地領悟到潛意識絕不是導致病患滅亡的原因。

　　換句話說，治療心理疾病並非要將潛意識驅逐出境，而是必須去克服潛意識所提示出來的心病原因。

　　之後榮格更領悟到了一個真理，那就是潛意識存在於每個人的心裡，因此心理疾病是所有人類的共通疾病。

　　所以榮格心理學除了是治療心理疾病的醫學之外，更是解開人類內心世界裡的謎、擁有更深層意義的心靈研究學。

榮格與住在月球裡的女孩之間的對話

那月球裡的世界是怎樣的世界呢……

我是從月球來的喔……

榮格	十八歲的女孩

以「她只是在陳述事實」的態度面對她。

「我曾經住在月球裡」。

確信「心理疾病是由病患的潛意識所造成的疾病」。

接受「自己是地球人，所以已經無法回去月球了」。

治療心理疾病，就是要去克服潛意識所提示出來的心病原因。

回到家鄉結婚，過著平凡的日子。

了解及克服心病的方法

治療心病有「對話」、「造景」、「夢境分析」三種方法。

治療心病
並非易事

心病到底是什麼？就算是患有心病的病患本人，也無法輕易清楚說明心病到底是什麼。因為心病的發生原因，通常來自一個連病患本人也早已忘記（被鎖入潛意識裡）的過往經驗。當這個遙遠的過往經驗記憶，在潛意識裡不斷掙扎卻再也無法壓抑而爆發出來時，就成為一種心病表現在外。

也因此無法如「因為是這種症狀，所以原因來自這個，治療方式就是這樣」般地，輕易將心病歸類為幾種單純的種類。

例如身體上的感冒症狀，只要病患本人有發冷、流鼻水、或是「哈啾」一聲的打噴嚏現象時，本人及周遭的人，就能夠立刻發現是患上感冒了。這時只要吃藥、攝取營養、多加休息，身體自然會恢復健康。

但是心病並無法如此簡單歸類及對症下藥。

心病療法
的共通目
的為何

為了研究連病患本人都不明白的心病來源、進而找出治療方法，榮格整理出了幾個方法理論，在這些方法理論當中有下列幾個共通的目的。

首先是幫助病患找出可能的原因。接著是讓病患面對這個原因、恍然大悟「原來我是為了這件事而苦」。最後是讓病患克服這個原因、領悟「今後我再也不能被這種事情束縛，應該好好活出自己」，重新產生生存下去的強烈意志。

不過要完成上述的這一連串過程，事實上需要花很長一段時間，因為心病的發生原因不像感冒症狀一般，能夠那麼容易被發現。更重要的是，即使醫師發現「這名病患

的心病發生原因，應該是出自這裡」，也不是直接告知病患「你的心病其實是這樣的……」就能解決問題了。

因為治療心病的最大關鍵，在於病患本人必須真正了解並接受心病的發生原因才行。對病患而言，心病並不是被他人指摘出來之後，就能夠坦率地認同對方。

面對自己的內心、了解自己的心病、進而接受它，這些都必須靠病患本人的努力，若是病患不願接受自己有心病，就被他人指出「你的心病是……」時，恐怕病患本人會無法接受，認為「我才不是這樣，你別胡說八道」，而更加反抗面對自己的內心世界了。

治療心病的三種方法

要讓病患自己探索、理解、進而接受自己的心病原因，究竟有哪些具體方法？那就是「對話」、「造景」和「夢境分析」。

「對話」指的是醫師和病患針對病患的心理狀態或不滿、以及對未來的願景等話題，面對面地進行交談的方式。此時病患所說的內容，有時會讓一般人覺得非常詭

榮格的心病治療方法

① 讓病患發現自己的心病原因所在。
② 讓病患面對自己的心病原因、進而接受該原因。
③ 讓病患克服該心病原因、進而產生強烈的生存意志。

這幾個治療過程，需要花費相當長的一段時間。

● 心病的發生原因，並不容易發現。
● 心病的發生原因，並非只要醫師發現就能解決問題。

必須讓病患本人了解並接受自己的心病原因。

異、不切實際，或是讓常人覺得他所說的願望已經是超越自己所能理解的範圍，根本就是無稽之談。例如有些病患會說「我將來想當首相」之類的，而且言談之間的態度非常認真。

不過如同第三十頁所提到的「想住在月球裡的少女」一樣，對於患有心理疾病的她而言，口中述說的關於住在月球裡的所有回憶，都是她有意義的真實語言。

「造景」指的是透過畫圖或箱庭療法裡的造景方式等，讓病患隨心所欲利用身邊所有的物品，畫出或做出自己的內心世界。也就是讓病患將無法用言語表達出來的「內心世界」，透過圖畫造景方式傳達出來。（譯注：原以小孩為對象的心理療法，由倫敦的小兒科醫師於一九二九年發表，之後被榮格學派的Dora Kalff發揚光大，做為心理治療法的一種，廣泛應用在各種年齡層上，也就是有名的瑞士沙遊療法。後來在一九六五年時，由河合隼雄引進日本，並將它稱為「箱庭療法」，之後不斷被推廣，現在儼然成為日本最常被利用的心理治療法之一。）

「夢境分析」指的是探索病患所看見的夢境內容，分析每個夢境場景的意義，並從中找出病患心病根源的方法（之後將分別針對這三種方式詳加介紹）。

這三種方法當中，有一個非常重要的共通點，那就是認為透過這三種方法所被表達出來的言語、或是被表現出來的東西、現象，並非真如表面所呈現出來的意義一樣，「對話」、「造景」、「夢境分析」是透過病患的潛意識所表現出來、具有一個被隱藏起來的意義。

例如當一個病患畫了一幅可怕怪獸的圖畫時，不是純粹代表這個病患覺得怪獸很可怕。此時的怪獸，或許正代表著始終讓病患感到威脅、來自某人或某事的壓力，例如父母的過度期待或是社會的嚴格要求等。

榮格的這三種治療方式，目的就在發掘諸如此類壓抑在病患心靈深處裡的壓力，也就是棲息在潛意識世界裡的心病原因。

讓病患了解進而接受心病的方法

❶ 對話

- 針對病患的心理狀態或不滿、以及對未來的願景等話題，面對面地進行交談。
- 即使超乎一般人的常識範圍，那仍是對病患本人有意義的真實語言。

❷ 造景

- 讓病患進行畫圖或箱庭療法中的造景行為。
- 言語上無法表達出來的事物，有時可以透過造景來傳達出病患的內心世界。

❸ 夢境分析

- 針對病患所看見的夢境內容，探索每個夢境的意義，並從中找出病患的心病所在。

透過這些方法所被表達出來的言語、事物、現象，
都有一個被隱藏起來的意義。

從中找出棲息在潛意識世界裡的
心病原因。

探索潛意識的字詞聯想測驗法

榮格將焦點投注在字詞聯想測驗時的反應速度，並獲得豐碩成果。

什麼是字詞聯想測驗法

榮格是一位非常重視與病患對話的醫師，字詞聯想測驗法就是他將「對話」的治療方法，化為一個具體形式的手法。字詞聯想測驗法的進行方式如下：

首先由醫師準備大約一百個左右的語詞。像是「頭、綠樹、水⋯⋯」等，然後將這些日常生活中最常接觸的語詞，一個接一個地向病患提示出來，讓病患在聽到這些語詞後，瞬間回答他所聯想到的其他語詞。例如聽到「頭」時，病患可能會回答「頭髮」；聽到「綠樹」時，可能會回答「公園」等。當然每個人所會聯想到的語詞不盡相同，比方說對於「頭」的提示，可能有人會馬上想到「帽子」、而對於「綠樹」的提示，可能會聯想到「農田」等。

透過這些語詞的交接，能夠找出病患的內心狀況或問題點所在。因為人們對於某些特定的語詞，有些時候的反應會超出正常的感覺，而且是在自己也無法預測的狀況下即時反應。

假設某人在聽到「綠樹」的提示之後，立刻回答「紅色」時，會是什麼樣的情況？恐怕一般人會認為「怎麼可能？不至於會聯想到紅色吧？」但是很有可能這個人，是因為「小時候曾經在一片綠油油的茂盛草原當中，看到大量流血而死的動物」，而這個過往的經驗，不知不覺喚醒記憶中的「血液顏色」，導致他在聽到「綠樹」之後，立刻聯想到「紅色」也說不定。這表示很可能當時的恐怖記憶，到現在還潛藏在他內心裡。

如上述一般，字詞聯想測驗法是將「對話」化為一種像遊戲般有規則性的、探索心病所在的方法。不過這種測

驗法並非榮格所獨創，早在榮格之前，整個精神醫學界裡早就普遍在利用這種方法了。

關注病患反應速度的榮格

不過榮格對這種方法所投注的焦點，卻是劃時代的創舉。以往的字詞聯想測驗法，都只將焦點投注在病患所回應出來的語詞而已，例如「為什麼這個病患會對『綠樹』的提示，回答出『紅色』呢……」之類的，但是榮格卻將焦點放在病患回答的「反應速度」上。

有些人會對特定的語詞反應遲緩。例如在聽到其他語詞的提示時，只要思考短短的零點幾秒鐘，幾乎都可以不斷地回答出其他自己所聯想到的語詞，但唯有聽到某幾個特定的語詞時，就會陷入沉思，必須花上幾秒鐘、甚至幾十秒鐘，才能回答出對應的聯想語詞，嚴重時，甚至直到

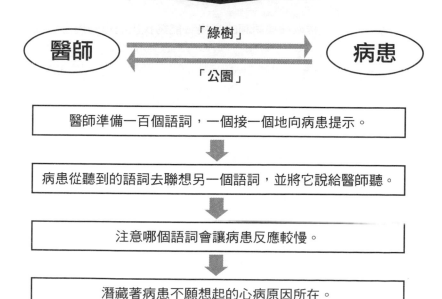

何謂字詞聯想測驗法

醫師 　「綠樹」→　「公園」←　病患

醫師準備一百個語詞，一個接一個地向病患提示。

病患從聽到的語詞去聯想另一個語詞，並將它說給醫師聽。

注意哪個語詞會讓病患反應較慢。

潛藏著病患不願想起的心病原因所在。

最後還是無法回答出來。

這種情形通常都是因為這個人的潛意識，阻礙了自己內心裡的語詞聯想之故。換句話説，對這個人而言，因為某種原因，造成提示的語詞讓他感受到痛苦、心酸、不願從中聯想起任何事物來。這就是榮格所注意到的地方。

將焦點放在病患反應速度上的榮格，每次在進行這項字詞聯想測驗法時，都會隨身攜帶碼表，將病患的反應時間，以「四分之一秒為單位」記錄下來，並立刻重複施行同樣的測驗法，從中分析病患此次和先前所回答的不同語詞等內容，找出病患的心病所在。

因字詞聯想測驗法一夕成名

由於字詞聯想測驗法的成功，讓才剛開始成為精神科醫師沒多久的榮格，一夕之間聲名大噪。榮格在一九〇九年、三十四歲時，受邀前往美國克拉克大學演講，也是因為他在字詞聯想測驗法上的成果，得到大家肯定的緣故。由此可見，榮格的字詞聯想測驗法，是探索潛意識世界的一個劃時代的方法。

順帶一提，這種字詞聯想測驗法，同時也是近代犯罪搜查史上，做為辦案工具之一的「測謊器」被開發出來的靈感來源。

這項裝置主要針對嫌犯提出一個又一個有關案件本身的問題，然後透過科學方式分析嫌犯的反應（呼吸及脈搏的變化等），從中找出嫌犯是否有説謊的可能，做為蒐證上的一項強力參考依據。這項裝置的靈感來源，就是榮格的字詞聯想測驗法，所以不妨説，這是榮格另一個意外創下的歷史性豐功偉業。

字詞聯想測驗法的極限

不過榮格本人後來倒是否定了這種字詞聯想測驗法，因為他認為這種測驗法，説穿了只不過是一個科學實驗罷了。

因為最後仍免不了落入「病患對這個語詞的反應是這

樣，所以他的心理應該是這樣……」的統計式分析。

　　要了解人的內心世界，這種分析方法當然不失為一個有效的良好方法，只是每個人的內心世界都不相同，都有獨樹一幟的內容，因此要將每個人各自不同的內心世界，單純只透過統計分析式的科學實驗，來達到完全理解的地步，根本是不可能的事。

　　換句話說，榮格比任何人都明白，這種字詞聯想測驗法的效果是有極限的。因為榮格比任何人都清楚，人的內心世界不但複雜，而且都各自不同。

「字詞聯想測驗法」的發展與極限

因為「字詞聯想測驗法」讓榮格一夕之間聲名大噪！

⬇

34歲時受邀到美國克拉克大學演講

「字詞聯想測驗法」
對於「測謊器」的開發也有很大的貢獻！

榮格
（後來）　　⇨　　字詞聯想
測驗法

否定

⬇

「只透過科學實驗的方法，
是無法完全理解人的內心世界。」

榮格字詞聯想測驗法的實例

透過字詞聯想測驗法，查出婦人因傷寒喪失小孩而患上心病。

因傷寒喪失小孩的婦人

　　雖然榮格後來認為，「字詞聯想測驗法」並不是了解人內心世界的萬能方法，不過榮格運用這種測驗法，還是交出了不少漂亮的成績單，幫助不少病患掌握到克服自己心病的契機。

　　其中最有名的成功案例是發生在一九〇五年，當時榮格在瑞士的伯戈爾茨利精神醫院服務，有一位三十多歲的已婚婦人住進這家醫院。這名婦人有嚴重的憂鬱傾向，還出現了妄想和幻想症狀，她曾經因為傷寒而失去一個幼小的孩子，並且在婚前愛過另一個男人。

　　醫院診斷出這名婦人患有重度的精神病，並認為她已經不可能復原。但是榮格認為，即使這名婦人經歷過喪失小孩、以及婚前一段沒有結局的戀情，應該也不會那麼容易就罹患如此嚴重的精神疾病，可見背後應該還有另一個更深層的特殊理由。

　　而這名婦人透過榮格的字詞聯想測驗法，對於「天使」的提示回答了「小孩」；對於「藍色」的提示則回答了死去孩子的名字，因為她死去孩子的眼睛正是藍色。由此可知，失去孩子這件事在她內心裡造成無法磨滅的嚴重傷害。

　　至於對「水」的反覆提示，第一次她很自然地回答了「湖」，但是第二次卻花了許多時間，才回答出「傷寒」兩個字，而對於「不正當」的提示語詞，她則是沒有做出任何回應。

榮格找出婦人的心病原因

　　除此之外，這名婦人還回答出其他幾個具有特徵的反應語詞。榮格在分析這些語詞內容之後，終於找出她的心病原因了。

　　原來她在結婚之前，曾經愛過一個男人，卻因為無法
確認對方對自己的想法，而單方面認定只是自己在單戀對
方，最後她只好和另一個男人結婚，沒想到在結婚之後才
得知，婚前所傾慕的男人其實也暗戀著自己，因而埋下日
後引發心病的導火線。

　　婚後在她所住的地方，人們習慣接引湖水來洗澡。
有一次她幫小孩洗澡，看到孩子把吸滿洗澡水的海綿拿到
嘴裡吸食玩耍，她卻沒有制止孩子的行為，任由孩子去吸
食。然而洗澡所用的湖水含有傷寒桿菌，結果她的小孩感
染了傷寒而去世。

榮格與因傷寒而失去小孩的婦人之間的對話

看樣子就是這種低潮的
心情，造成她沒有心思
搶救小孩的原因。

我很想回到結婚前的
那段時光，和自己所
愛的男人重新來過一
次。

孩子正在吸食充滿骯
髒湖水的海綿玩耍，
我卻沒有制止孩子。

這名婦人的心病，來自於她認為是自己害死
小孩的那股罪惡感。

為什麼這名婦人不制止孩子吸食充滿骯髒湖水的海綿？原來她內心裡一直期望著回到婚前的那段時光，和自己所愛的男人重新來過，因此她的潛意識裡開始想要除掉證明這段婚姻確實存在而生的小孩。也就是說，她在潛意識裡殺害了自己的小孩，因為這股罪惡感的驅使，她才患上嚴重的心病。

雖然榮格對於要不要告訴婦人這個殘酷的實情而猶豫了一段時間，最後仍坦白告訴她：「妳的心病來自於，認為是自己害死孩子的那股罪惡感」。

唯有克服痛苦心病才能痊癒

據說這名婦人在得知這個自己完全沒有意識到的罪惡感，而深受打擊，甚至想要自殺。事實上，病患在面對造成自己心病的真實原因時，通常都需要承受莫大的痛苦。不過榮格認為：「唯有克服這種痛苦，這名婦人的心病才能痊癒」。

因此，榮格在告知婦人實情後，仍不斷在精神上支持她，以幫助她勇敢面對自己的內心世界，並從中找出重新活下去的力量。

經過兩星期後，這名婦人終於因為病情獲得改善而出院，雖然往後她還是會背負著罪惡感生活下去，不過她已經能夠勇敢面對這一切了。

在《榮格自傳：回憶・夢・省思》裡，除了描述這一段治療婦人的經驗外，更闡述了一段意寓深遠的話：「要治療人們的心病，就必須隨時和病患的內心世界保持接觸，並從中尋求解答，因為表現於外的症狀並非是所有問題的癥結。」

榮格在字詞聯想測驗法中所設計出來的刺激語詞一覽表

實驗者		年齡		性別	
受測者		年齡		性別	
				日期	

1	頭	34	黃色的	67	蕪菁
2	綠的	35	山	68	描繪
3	水的	36	死	69	部分
4	唱歌	37	鹽	70	年老
5	逝世	38	新的	71	花
6	長的	39	習慣	72	打
7	船	40	祈禱	73	箱子
8	支付	41	錢	74	野生的
9	窗戶	42	愚昧的	75	家人
10	親切的	43	筆記	76	洗
11	桌子	44	輕視	77	母牛
12	尋找	45	手指	78	未知的
13	村落	46	昂貴的	79	幸福
14	冰冷	47	鳥	80	說謊
15	莖	48	掉落	81	禮儀
16	跳舞	49	書	82	狹小
17	海（湖）	50	不正當	83	兄弟
18	生病的	51	青蛙	84	懼怕
19	自尊心	52	分離	85	鸛鳥
20	做菜	53	空腹	86	虛假的
21	墨水	54	白的	87	不安
22	不好的	55	小孩	88	親吻
23	針	56	監視	89	新娘
24	游泳	57	鉛筆	90	純真的
25	旅行	58	悲傷	91	門
26	藍色	59	葡萄乾	92	選擇
27	油燈	60	結婚	93	乾燥草
28	犯罪	61	家	94	滿足
29	麵包	62	喜歡的	95	嘲笑
30	有錢人的	63	杯子	96	睡眠
31	樹	64	爭論	97	月份
32	刺	65	毛皮	98	美好的
33	同情	66	大的	99	女性
				100	怒斥

窺探潛意識世界的方法

榮格將神話和傳說等「人類文化」與夢境相連結。

以繪畫表現潛意識世界

　　透過「字詞聯想測驗」以及「對話」所進行的內心探討，其實就是將潛意識的真實情況化為言語的一種方式。不過要把連自己都無法察覺的潛意識世界用言語表現出來，老實說是一件困難的事。

　　因此，榮格為了表現出潛意識的真實情況，而採取了「畫圖」的方法。

　　榮格在四十歲左右，逐漸掌握到人的內心狀態，並且不斷努力研究如何將抽象的內心狀態化為具體可見的形態，為了表現出掌握內心狀態的感覺，他幾乎每天都在紙上畫下大大的圓圈圖案。

　　榮格並不是要模仿畫出任何東西，只是將自己隨性想到的東西畫下，但後來他發現自己所畫下的大型圓圈，與中國佛教世界裡表達領悟之心的「曼陀羅」有著異曲同工之處。榮格也因此了解到，原來東方文化裡深植著探求人心的奧妙精神。

　　事實上，榮格在四十歲之後的人生並不順遂，每當遇到困難時，他就會像小孩子在玩耍一樣，用沙子堆起各種小小的建築物，或是像雕刻家一樣創作出各式的石雕作品，甚至他還親手搭蓋真正的塔樓。

　　這些行為正是榮格將自己的內心世界以具體形態表現出來以利觀察的手法，換句話說，榮格在替自己進行精神治療。

　　順帶一提，榮格在一九二三年，也就是四十七歲那一年，親手完成了所造的塔樓，之後還不斷地增蓋，直到一九三五年、他六十歲時才全部完工。晚年的榮格喜歡常常來到塔樓裡，過著沒有電燈、瓦斯的露營式生活。這座

宛如中世紀城堡般雄偉的塔樓，是榮格親自搬運石頭所堆砌而成，也象徵他的內心世界以塔樓的型式化成了具體可見的形態，因此這座塔樓就是「榮格的曼陀羅」。

榮格不以理性邏輯來思考，只是隨性地將自己所見、所觸的東西做出來，完成之後再試著思考其中所蘊含的意義。榮格的這種方法，正是理解內心深處也就是潛意識世界的最好方法。

何謂「箱庭療法」

現今以榮格心理學為根基的精神治療法裡，榮格這種將內心世界以具體形態來表現的方法被積極地採用，醫師們通常會試著讓病患畫畫，再從畫中找出蛛絲馬跡做為治療的依據。

另外還有一種方法，就是讓病患使用迷你型的玩偶、動物、車子或建築物等玩具，自由地組合出模型，也就是「造景」，然後再從病患所組合的造景中，設法看出病患的內心世界。這種方法就叫做「箱庭療法」。

人的內心世界與曼陀羅

人的內心世界 → 大大的圓圈圖案 → 與曼陀羅有異曲同工之妙！

上述這些都是為了將潛意識世界，以具體可見的形態呈現出來所使用的方法，但也有一種不需要花費任何功夫，就可以看見潛意識世界的方法，那就是「夢境」。

夢境的意義

夢究竟是什麼？心理學上認為夢是一個連自己都無法清楚理解的內心世界，化為景象表現而出的東西，所以人們會做夢，代表人們正以一種具體的姿態，感受自己的內心世界。對於有心病的病患來說，做夢正是他開始進行心理治療的第一步。因為透過分析夢境中所隱含的內心狀態，可以找出心病的發生原因及克服方法。

這種分析夢境意義的方法，事實上在榮格採用之前就被廣為應用，然而榮格所發展出探索夢境意義的方法，要比其他專家來得廣泛且有彈性，更能完成確實的分析工作。

將夢境與神話、傳說連結

夢境通常深受個人本身的知識和體驗影響，但是榮格在探索夢境所代表的意義時，除了重視這種個人經驗的因素之外，還會將古老的神話與傳說等廣泛的「人類文化」拿來與夢境做連結，以利於分析。因為榮格認為：「人的內心世界裡，還存在著某些超越個人體驗和知識的共通部分」。

假設病患的夢境裡出現了一間四角形的房間，但事實上不管房間是四角形還是三角形，應該都與個人的特殊體驗或回憶沒有多大關係才是。不過榮格反而重視這種夢中場景所代表的意義，因為「四」這個數字，在中世紀歐洲的煉金術裡，代表「已經完成的數字」，所以榮格分析出這名病患的內心世界裡，有某種要素快要被完成，也就是說，身為一個人的完整內心世界，即將在病患的內心深處裡成形。

白日夢＝視覺

或許你會對榮格的這種夢境分析方式感到奇怪，認為：「即使該名病患沒有任何煉金術的相關歷史知識，榮

格的這種說明也未免太牽強了吧？」

　　對於這個疑問，榮格認為他的推論一點也不牽強。因為像歷史性的文化與文學等這類知識，其根源大多是共通的，所以即使不是每個人都了解這類知識，但其實這類知識早已潛藏在每個人的心裡（參照第72頁）。

　　更重要的是，榮格採取這種超越個人體驗來探索夢境意義的方法，不但成功治療了許多案例，更成為今日榮格心理學的核心主軸。「提到榮格就想到夢境分析」，從一般坊間經常聽到的這句話中，就可以得知他在夢境分析領域中的卓越成就了。

　　榮格認為不僅夢境會將人的內心世界以景象的方式呈現出來，有時即使人是清醒的狀態，也會突然看見某些景象，也就是所謂的白日夢。榮格將這種白日夢稱為「視覺」，如同夢境分析一樣，他同樣重視這種白日夢的分析結果，並將它應用在治療心病上。

什麼是「箱庭療法」

利用裝滿細沙的箱子，讓病患隨性做出各種玩具模型，藉以發揮在心病治療上。

何謂一號人格與二號人格？

榮格透過自己的母親，發現人們擁有「二號人格」。

榮格的母親有雙重人格

人的內心世界裡，其實隱藏著另一個自己平常不會意識到的「我」，換句話說，存在著另一個潛意識裡的自己。——這是榮格在少年時代，在自己母親身上所發現到的事實。

榮格非常喜歡母親，據說她是一位很外向、喜歡說話、同時會傾聽別人說話的開朗女性，所以非常受到大家的歡迎。若換成另一個觀點來看，她是一個讓大家不會感到畏懼、無害且通情達理的人。

可是榮格卻常常在某些場合裡，聽到母親說出一些偏離常理的話而大感震驚。雖然這些話都是針對事情的本質所提出的尖銳意見，而且都十分有道理，不過通常人們會考慮到對方的立場，即使很想說也會隱忍著不說。所以每當榮格看到母親大辣辣且毫無掩飾地說出常人不會說的話時，不僅覺得不可思議，甚至感到有些可怕。

舉例來說，在榮格六歲時，附近住著一個有錢人家的小孩，他總是穿得很體面，而且對榮格等附近小孩的態度一向高傲。有一次榮格終於忍不住，毆打了這個傲慢的富家子，這個小孩的父母當然非常生氣，直接到榮格家高聲理論。

當時榮格的母親不斷地向對方道歉，甚至淚流滿面地訓斥榮格，告誡榮格絕對不能對他人使用暴力。母親的這番訓斥，完全是符合世間道德標準般的說教。

可是在這件事情發生過後不久，榮格卻無意間看見母親獨自一人在房裡，忿忿不平地唸著：「那戶有錢人家真是不應該，竟然這樣教育小孩，簡直是無可救藥」。母親的這番批評，完全是一副憎恨那家有錢人的樣子，和當時

在訓斥榮格的那一個理性的母親根本對不上來。

　　榮格就是在這時感覺到，這不是平常我所認識的那一個母親，更從這個事件中發現，在母親的身體裡，還存在著另一個母親。

榮格母親的「二號人格」

　　榮格後來將人們這種平常不被他人所看見的不同性格，稱為「二號人格」，榮格的母親就經常明顯表現出這種「二號人格」的特性。

　　有一次是發生在榮格的父親去世時，雖然母親對於自己丈夫的死感到十分悲傷，卻轉過身來對榮格說：「不過你爸爸選在這個時候過世，對你來說還是比較好」。當時榮格的確與父親之間的關係不是很好，加上再過不久榮格就要進大學唸書，所以他非常煩惱與父親之間的種種衝突。因此母親說的並沒有錯，只是對著剛過世的丈夫說出

榮格母親所擁有的兩個人格

一號人格

外向又開朗，
深受大家的歡迎

無害
且有常識的人

二號人格

嚴厲批判別人，
甚至說丈夫死得好

沒有常識
且令人害怕的人

「死得好」這種話，畢竟太偏離常理，所以不免讓榮格感到震驚，甚至是害怕。

因為這件事情再度讓榮格看到母親的另一面，完全不是那一個受到大家歡迎的好母親形象，而讓榮格立刻想到：「啊！母親的二號人格又出現了」。

榮格察覺到自己的「二號人格」

這種「二號人格」並不是只存在於母親身上，榮格後來發現自己其實也存在著這種二號人格，他曾經公開表示過：「在我的內心世界裡，一直都存在著兩個人」。

從少年時代到青年時代的榮格，所表現出來的個性就是他的「一號人格」，是一個很害羞、靦腆、又很內向的人，不過榮格始終知道，在自己內心世界裡，存在著另一個個性完全相反的「二號人格」。根據榮格的說法，二號人格所代表的他相當有存在感，就像是個有威嚴、深謀遠慮而令人敬畏的長者一般。

榮格曾經因為好玩，在湖裡玩起危險的小船搖晃遊戲，結果被朋友的父親發現，而被狠狠怒斥一番。懂得反省的榮格，知道伯父會生氣是有原因的，因此只是安靜地聽他說教，但同時榮格也感覺到另一個自己正在內心裡忿忿不平地批評伯父：「這個沒知識的鄉巴佬懂什麼，竟敢這樣教訓我，簡直無禮至極！」。

其實人在做錯事情而被他人指摘時，除了有「的確是我不好」的反省心情之外，同時也會有一股「就算我有錯，也不需要講得這麼難聽」的不滿情緒。當時的榮格就清楚感受到心中存有這兩股矛盾的心情，進而發現到在自己的內心世界裡，同時存在著兩個完全不同的人格。

認可兩個人格的存在非常重要

不過榮格並沒有因而否定自己的二號人格，這是一個非常重要的關鍵。

在當時，榮格並沒有因為發現二號人格的存在，而認為：「為什麼我的內心世界裡，會同時存在著不同的兩個

人格？這太不正常了」，更沒有認為：「可怕的母親和傲
慢的自己都是虛構的存在，得想辦法把這個不認識的存在
消滅才行」。

　　相反地，榮格對於一號人格和二號人格同時存在於同
一個人身上，並形成一個完整內心世界的事實，採取了接
受的態度。因此榮格認為，「開朗受歡迎的母親」與「說
出一些偏離常識的話語而令人感到可怕的母親」，正因為
兩者同時存在著，才形成一個「真正的母親」；而「膽小
的自己」與「傲慢的自己」也因為同時存在著，而形成一
個「真正的自己」。所以不妨說，認可並接受內心世界裡
所有人格的存在，正是今日榮格心理學的基礎與出發點。

榮格的兩個人格

一號人格

非常害羞、靦腆、
內向

二號人格

有威嚴、深謀遠慮
且讓人敬畏的長者

兩個人格形成一個完整的內心世界

不要認為擁有兩個人格是一件不正常的事，
要認可自己內心世界裡的所有人格，並接受
它們的存在。

了解潛意識裡的象徵與意象

榮格解開了夢境、白日夢、象徵所各自擁有的重要性。

**肉眼無法
看見的潛
意識世界**

假設有一個小孩對媽媽說：「今天晚餐我想吃媽媽平常做的那種漢堡排」，而媽媽也回答小孩：「好啊」，然後那一晚媽媽真的做了孩子想吃的漢堡排。對於這一幕日常生活中常見的場景，我們用另一個角度來說明。

由於媽媽心裡對平常自己所做的漢堡排料理很清楚（內心裡記得），所以能輕易做出相同的漢堡排，也就是對著孩子「重現」一次對漢堡排的料理記憶。

這種將自己內心世界裡的記憶（意識），以具體方式呈現給他人看，就像再做一次漢堡排一樣，既然是一個有形的具體存在，就很容易將它呈現出來，因為只要將它的形態表現出來即可。

不過問題就出在，人的潛意識是沒有具體形態的，雖然它確實存在於人的內心裡，卻無法像漢堡排一樣，透過具體的形態來呈現出它的存在。

但是凡事萬物，如果沒有辦法以肉眼能夠看見的形式呈現出來，就無法讓人實際清楚體會，更無法將它傳達給他人了解。在這種情形下，人類的潛意識世界，是否還能夠讓人們自己實際體會，甚而將它傳達給他人了解呢？

答案是肯定的。雖然我們無法採取將潛意識以具體形態重現出來的方式，但是可以將潛意識比喻成肉眼所能看見的具體形態，也就是「意象」。

所謂「意象」，簡單來說就是「夢」。夢對於人們而言，就是當事者將自己的潛意識世界，化為肉眼所能看見的東西。這也是榮格非常重視夢境所代表意義的理由。

意象並非就是潛意識

有時人偶爾會在醒著的狀態下，看見與做夢類似的情形（意象）發生。例如突然看見一個明顯與目前所身處的地方，風景完全不同的景象。這種情形稱為幻想或是白日夢。雖然做白日夢的次數不如做夢一般頻繁，不過榮格仍常常體驗到彷彿白日夢般的景象。

不管是夢還是白日夢，這些現象都來自原本沒有任何形態的潛意識世界，以賦予形態的方式所顯現出來的景象。不過讓人比較難以理解的是，意象純粹只是將潛意識世界做一個「比喻」的現象而已，並非就是潛意識世界的直接表徵。

例如某一個人夢見自己不知為何地裸體站在街上，因此感到非常難為情。以這個例子來看，雖然這個人夢見自己「裸體」站在街上，但並不代表這個人實際上真的赤裸

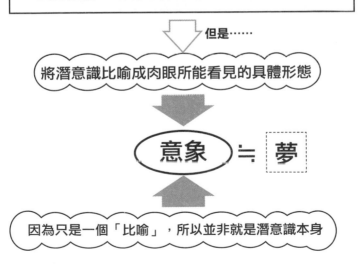

將潛意識化為意象

由於潛意識沒有具體形態，因此無法讓人們實際體會、或將它傳達給他人了解。

但是……

將潛意識比喻成肉眼所能看見的具體形態

意象 ≒ 夢

因為只是一個「比喻」，所以並非就是潛意識本身

裸地沒穿衣服，更不代表這個人的內心裡有想暴露自己的怪異興趣。

意象是潛意識的一種符號

在上述的例子中，對於夢見自己因為裸體站在街上而感到難為情的情景，可以解釋為：這個做夢者沒有一件適合自己穿的衣服。套用到現實世界時，或許能導出一個結論：這個夢境顯示在他的潛意識世界裡，對於自己在公司裡，被迫負責自己所不喜歡的工作一事，始終感到不安。換句話說，此時的「裸體」代表「不安」，也就是所謂的「符號」。

因此，將不安、恐懼、忌妒、希望、憧憬……等這些潛意識世界裡的情緒，以各種方式顯現出來的符號，這就是「夢」也就是「意象」。這樣的發現是來自，榮格透過為許多病患所進行大量夢境分析中，發現了夢境所出現的各種事物，其實就是各種潛意識世界裡的代表符號。

不過即使是同一個代表符號，有時也會因人而異，各自表現出不同的潛意識世界。例如前述的「裸體」例子，對某個人來說，或許代表著將自己赤裸裸地呈現在他人面前，只是希望他人能看見自己。換句話說，此時的夢境所代表的是這個人潛意識裡的自信。

如上所述，意象所代表的符號，並無法全以「若為Ａ則為Ｂ」這樣固定且單一形式來說明清楚，因為每個人都有所不同，像是個人所掛念的私人事物、做夢時的情況、甚至與傾聽自己述說夢境的對象（如醫師）之間的情感關係（信賴程度）等，都會大大影響夢境所代表的意義。

何謂象徵

另一方面，即使要用符號來表示某一個意義時，可以表達同一個意義的符號也有很多種。例如做為「不安」的代表符號，除了剛剛提到的「裸體」之外，也有可能是「被怪物追逐」、或「獨自徘徊在一個陌生的街頭裡」。

因此要呈現潛意識世界時，就需要一個完全符合定

義的符號，不但不能被其他符號所取代，還必須能正確傳達出該潛意識世界裡的意義。榮格非常重視這種獨一無二的符號（某種想像的東西或場面等），並將它稱為「象徵」。

象徵是一種獨創性、比任何符號都還能將深切的感動傳達給他人了解的一種記號。最常見的典型象徵就是各種民族裡代表神祇存在的表現。

榮格為了詳細說明象徵所代表的意義，曾經舉了一個東非民族所信仰的神祇為例。該民族將每天早晨從東邊慢慢升上天空的太陽，視為他們所景仰的神而膜拜，雖然「朝陽」本身並非就是他們所崇拜的對象，但是卻完全能夠代表他們心目中所崇拜的神，以及讓他們表達心中感謝之意的對象物。

何謂「象徵」

能正確傳達潛意識世界的意義就是

「象徵」

典型的象徵

各種民族裡所表現出來的 **「獨一無二的神祇」**

例

東非民族的神祇象徵

➡「每天早晨從東邊慢慢升上天空的太陽」

被廣泛臨床證明的榮格心理學

榮格為了驗證自己的心理學，研究過幾千個臨床病例。

**神祕學的
先驅——
佛路諾伊
爾**

探究人心的「心理學」，在人類歷史上算是一門比較
新的學問，心理學起源於十九世紀後半，而當初的目的是
為了探索神祕學上的種種現象。

當時研究神祕學領域的先驅者中，有一位名叫佛路
諾伊爾的心理學家，他的研究後來也大大影響了榮格的研
究。

佛路諾伊爾當時正在調查一個著名女靈媒讓靈魂附身
的事件，因為這名女靈媒似乎真的被靈魂附身，竟然述說
起一段跟自身無關的往事，而且當中有許多過往的遙遠經
驗都被她說中了。

最後佛路諾伊爾找出了這起事件的真正原因，原來這
名女靈媒並非真的透過靈魂附身來述說遙遠的記憶，而是
透過她潛意識的力量所創造出的一段故事。也就是說，這
名女靈媒在非自己的意識下，說出了一段以自己潛意識創
造出來的故事經過。既然如此，那麼為何她所說的這段往
事，聽起來會如此地具有可信度呢？

關於這一點，佛路諾伊爾的解釋是，因為這名女靈媒
小時候曾經看過一本書，雖然在她的意識裡，這是一段早
已忘記的記憶，但是她的潛意識卻將它拿來做為述說過往
經驗的題材。

從這個例子可得知，在心理學的領域裡，若要探索潛
意識世界的話，某些時候這一類的神祕現象就成了一個重
要的研究要素。因此，榮格之所以會認真地廣泛研究從靈
魂到幽浮等各種神祕現象，就證明了他是一位優秀的心理
學家。

不過，與探求自然現象的物理學、化學等自然科學相

比，神祕學其實是一個完全相反的領域。

心理學的特徵　　在自然科學領域裡有一個大前提，就是必須證明所研究的內容是正確無誤才行，可是神祕現象卻是一種即使能夠確認該現象的發生，也無法用科學方式加以證明。同理可證，心理學也是一種無法只是採用與目前自然科學方式相同的驗證手法，就能加以說明所有理論的學科。

　　雖然科學都存在著一個明確的驗證法則，而且只要依據法則來思考，並因此得出一個結論的話，就一定不會錯。只可惜，心理學是一門無法如此單純又明確提出說明的學問。

佛路諾伊爾對靈媒的研究案例

調查靈魂附身在靈媒身上的神祕現象

× 該靈魂的實際體驗　　○ 靈媒的潛意識力量

為何所述說的內容會有可信度?

因為意識裡所忘記的記憶，被潛意識拿來當成題材的緣故。

心理學上的說明都是靠耐心累積之外，還必須分析無數的研究實例，然後歸納眾多案例當中都呈現出的同樣結果，而推論出這個結果就是存在於人們內心世界裡的法則，再依此導出結論。

佛路諾伊爾也是採取耐心累積研究實例的方法，像他為了查明女靈媒被靈魂附身的神祕現象，就整整花了五年的時間去接觸靈媒，才終於找到結論。

榮格心理學其實也是一樣。當初榮格為了研究心理學，而不斷累積臨床實驗，在研究了幾千個案例之後，才終於整理出「人的內心世界應該是這樣……」的結論。從這一點可以看出，榮格其實是一位非常有耐心且堅毅的學者。

**治療心病
需要時間**　　通常愈是經驗豐富的優秀心理學家，對於自己所研究的學問領域就會愈謙虛。而且透過心理學來治療患有心病的病患時，也應該仔細地研究病患的症狀，絕對不可妄下結論。

這是因為在心理學的治療領域裡，根本沒有所謂的「科學保證」，能讓任何一位心理醫師斷言：「我所採用的心理治療法，絕對能夠治癒這名病患。」，也因此心病的治療通常需要花相當長的一段時間。

「這名病患的心病是這種情形，所以一定要採取這種治療法才行。」諸如此類能夠讓心理醫師口出豪語的情形，基本上也是不存在的。

事實上，探索人心、透過心理學來了解自己、了解他人，是一件非常美好的事情。心理學正是一門琢磨自己內心，從而與他人締結更深一層人際關係的關鍵學問。若能對心理學產生興趣的話，相信人生一定能夠過得更充實且更有意義。

所以在此要提醒各位，身為門外漢的我們，千萬不要想以自己所知不多的心理學知識來為他人分析心理，甚至

擅自對他人表達：「你的內心世界一定是這樣」的結論，
否則很可能導致雙方之間的誤解，甚至在不知不覺中深深
傷害了對方。

　　千萬記住，心理學不是一門容易導出如「絕對是這樣
沒錯」之類的，有確實結論的學問。

治療心病需要一段時間

心理學 很難建立
明確的法則

很可能發生不符合法則的案例

愈是優秀的心理學家，愈不會輕易妄下
結論。

治療心病絕對需要一段較長的時間

佛洛伊德

深層心理學，即探索深奧人心「真面目」的這門學問，直至今日都以榮格和佛洛伊德為根基，分成兩大主軸發展而來。

佛洛伊德是奧地利的精神醫師，也是開創探索深奧人心的精神分析學的始祖，比榮格大十九歲。他同時也是首位將潛意識的存在視為一門學問，並開始研究這門學問的人。

以精神分析法探究潛意識

在佛洛伊德開始著手研究潛意識之前，人們就已經知道可以透過催眠，來喚起已被遺忘的記憶，也理解這種沉睡中的記憶就是潛意識。佛洛伊德將這種人們理解不多又模糊的潛意識，應用在精神疾病的醫療現場，並試圖以科學眼光來探討它。

佛洛伊德採取精神分析法來探究人的潛意識，試圖從中找出心理發生異常的原因。他先讓患有心病的病患躺在躺椅上，再讓病患自由地想到什麼就說什麼。這種方法稱為「自由聯想法」，是一種比催眠等方式更能清楚探索內心世界的方法。

當病患不斷地述說自己所想到的任何事情時，漸漸地也會喚醒自己已經遺忘的過往記憶，之後佛洛伊德再從中深入探討，為何病患會忘記這個過往記憶、病患的意識為什麼會抗拒所曾經記憶過的事物？

也就是說，採用上述治療方式的心理醫師，其使命在於分析並解釋病患所述說的話題內容，然後從中找出病患的心病原因。

然而，榮格所採取的治療方式與佛洛伊德大異其趣。榮

格認為心理醫師應該站在與病患對等的立場，面對面直接交談，因此不會出現病患單方面不斷述說的情形，也不會發生只是醫生單方面提出自己意見的場面。榮格所採取的治療方式，可說是醫師和病患共同協力完成一項工作的方式。

　　不過，佛洛伊德就是採取上述的精神分析法，不斷累積獨自提出的治療方法與研究，終於明確掌握到在人的內心世界裡，存在著一個從個人意識中獨立而出的部分，也就是潛意識，同時他也是首位確認潛意識會透過夢境方式表現出來的學者。從這些豐功偉業來說，佛洛伊德這位先驅者實在是值得後人讚賞。

潛意識是內心世界的惡徒

　　但是佛洛伊德對於「何謂潛意識」的說明（定義），在某種程度上來說，卻是非常地狹隘。因為他將潛意識解釋為「被意識強迫性壓抑下的慾望集合」。

　　佛洛伊德之所以會對潛意識這樣下定義，在於他認為人都有想這樣做、想變成那樣的強烈慾望，但是人的意識中卻又不斷自我提醒，如果任憑這種慾望奔馳向前的話，是一件非常危險的事，因而在現實上踩了煞車。簡而言之，這是理性（意識）壓抑住慾望（潛意識）的情形，也就是人們內心世界裡的真實情況。

　　因此佛洛伊德認為，幕境就是被壓抑在人們內心世界裡的一種慾望表現，他更據此主張「心病」就是慾望被強迫壓抑過度之下、或是個人心理產生偏差時，潛意識強烈對抗意識下所引發的症狀。

　　從佛洛伊德的觀點來看，潛意識是為了發洩被意識壓抑

過度的情緒，所產生的報復性存在，就像潛藏在人們內心世界裡的惡徒。榮格同樣也認為潛意識對抗意識的情形，就是引起心病發生的原因，就這一個觀點來說，佛洛伊德和榮格的看法是一致的。

唯一不同的是，榮格認為潛意識會發生反抗的情形，是為了警告當事者，自己的內心世界裡正在產生變化，是一種警訊的象徵。此時人們必須聆聽這種警訊，設法讓自己的潛意識和意識互相調和。換句話說，榮格並不認為潛意識是一種「惡徒」般的存在。

潛意識就是性慾的表現？

佛洛伊德另一個狹隘的思考模式是，他認定潛意識裡被壓抑住的慾望只有一種，那就是「性慾」。他認為人類的所有慾望，都是起因於性慾，所以男人想要追求女人、女人想要追求男人，這也是人們內心世界裡的一切。

根據這個論點，當女性的夢境裡出現任何尖銳的東西時，不管這個尖銳物品是一座塔還是一枝筆，佛洛伊德都將它解釋為：「這是女性想追求的男性生殖器的表徵」，因為佛洛伊德從不認為還有其他可能的意義可以用來解釋慾望。

依據佛洛伊德的說法，即使是親子之間也會存在這種慾望，因為兒子想從母親身上追求女性，而女兒想從父親身上追求男性，這就是潛意識。他甚至認為，男嬰會那麼忘我地吸吮母親的乳房，就是性慾早已萌芽的證據，而非單純地只是想滿足食慾而已。

總之，佛洛伊德主張人類所有的潛意識要素，都來自於性慾的產生，因此他的理論也被稱為「性慾論」。

若以佛洛伊德的觀點來思考的話，就可以歸結成：「人的一生只要有男女兩性之間的關係即能成立」這樣的理論，不知各位讀者對於這種「終極的人生論」是否贊同呢？

　　再順帶一提，據說佛洛伊德的母親，是一位絕世美人。

第 2 章

持續不斷探索
「潛意識世界」的榮格

掌握榮格心理學中的「集體潛意識」、
「心理類型理論」和「情結」

什麼是對比性的心理要素？

人的內心並非只有單一的心理要素，而是經常同時存在著如「意識與潛意識」之類的對比要素。

對比性存在的心理要素

要了解榮格心理學之前，必須先掌握以下基本重點。

榮格認為，人的內心裡存在著各種要素，而這些要素基本上都屬於對比性質。換句話說，心理要素並非單一存在，而是會與另一個要素成為對比性的存在，如：意識與潛意識、外向與內向、阿尼瑪（女性化）與阿尼姆斯（男性化）……等，且因為有這些對比心理要素的存在，才構成了一個完整的內心世界。

雖然這些心理要素組合，很明顯地是完全相反的兩個對比性質，不過並不代表其中之一為正面，另一個是負面，因為這些要素之間並非相互對立，而是對比性的關係，所以能夠達到「互補」的作用。

這些對比性心理要素，通常會有一方非常活躍地表現在外，另一方則以隱居的形式，潛伏在內心深處。而當表現在外的心理要素發生問題時，潛藏在內的心理要素就會設法出來補足，只是萬一這種潛藏的心理要素想要出來的動力過強時，就會造成失控，甚至造成心病的發生。

治療心病的三個步驟

根據先前的說明，心病的發生原因來自於潛意識的失控，不過潛意識並非是在沒有任何前兆下就突然失控，而是在心病發生之前，病患本人的意識（亦即日常生活中不斷在進行思考的過程）便一直忍耐著某些事，當忍耐到達極限，潛意識為了補救於是表現出來。

所以在治療心病時，必須慎重地循序漸進思考下列三個因素：一、在病患的內心裡，有哪些事情是逼他在忍耐的？二、為什麼病患平常會忍耐這些事情？三、對病患而言，什麼才是他不必忍耐的健全意識？

　　所謂健全的內心世界，就是儘管平常表現出較活躍的心理要素，但潛藏在內心裡的對比心理要素還是要能隨時保持平衡，並和表現在外的心理要素維持互相扶持互補的狀態。

對比性的心理要素

意識	———	潛意識
外向	———	內向
阿尼瑪 （女性化）	———	阿尼姆斯 （男性化）

兩者雖然是對比性的存在，但並不代表其中之一是正面的、另一個是負面的。

兩者互補！

其中一方活躍時，另一方會隱居起來。

榮格所謂的意識與潛意識是什麼？

榮格整合了意識與潛意識，期望完成一個完整的人格。

遠古時代
已被認知
的潛意識

在人的內心裡，存在著連自己都不曾察覺到的潛意識世界。對於這個事實，早在遠古時代裡，人們就已經有了一些模糊的概念。活躍在四世紀到五世紀之間，也是早期基督教會中地位最崇高的思想家奧古斯丁，就曾經針對潛意識的存在，做了一段敍述：「我無法清楚掌握我自己的所有存在」。

一直到了十九世紀後期，才終於出現了「心理學」這門科學，並經過幾位心理學先驅的實驗性研究，關於潛意識的說明才漸漸成形。其中，首度將潛意識的存在推廣給社會大眾知道的是佛洛伊德的研究。

不過對於潛意識的研究，早在佛洛伊德之前就已經有不少人在研究了，所以佛洛伊德的貢獻並非在於發現潛意識（佛洛伊德與榮格對於潛意識的看法大異其趣，這一點已經在第60頁中說明過）。

潛意識是從意識獨立出來的另一個存在，換句話說，人的潛意識裡有另外有別於意識的獨立人格，也就是所謂的「雙重人格」。人有時候會變成另一個完全不認識的自己，但當他回到原本的自己時，變成另一個人的那一段記憶並沒有殘留在意識裡，這就是雙重人格的特徵。

為什麼會不記得自己變成另一個人的事？這是因為人的另一個自己所不熟悉的人格要素超出了原本的人格範圍（即平常所意識到的人格），躲在潛意識裡獨自發展，直到遇到某個契機才會顯現出來。因此簡單來說，潛意識就是人們平常看不見的人格母體。

夢所創造出來的另一個人格

依據榮格的説法，人的內心裡其實都存在著好幾個人格，這些人格形成了夢。基本上夢所反映的內容，都是平常自己很難想像得到的事物，因此常常讓人覺得：「真沒想到我會做這種夢」。又因為夢是「潛意識裡的自己」所創造的，因此對於「意識裡的自己」來説，夢所創造出來的人格，就像是一個陌生人一樣，讓人感到意外。

在夢裡出現的另一個人格，其呈現出的形態非常廣泛，既有安慰、鼓勵自己的溫和好人，也有可能是想要欺騙自己的壞蛋，但不論是哪一種人格，都是潛意識裡的人格藉由人的形貌舉止所表現出的產物（亦即潛意識的擬人化）。

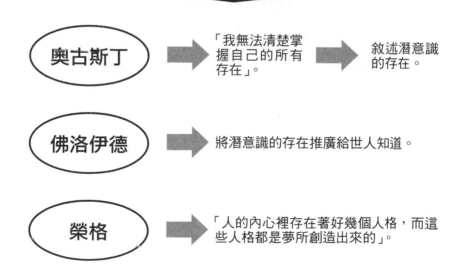

潛意識的理解方法

奧古斯丁 ➡ 「我無法清楚掌握自己的所有存在」。 ➡ 敘述潛意識的存在。

佛洛伊德 ➡ 將潛意識的存在推廣給世人知道。

榮格 ➡ 「人的內心裡存在著好幾個人格，而這些人格都是夢所創造出來的」。

在此將意識和潛意識的特徵整理如下：

- 「意識」掌控日常生活中的知覺（認知及感覺），並從中創造出觀念（思考），而且是本人能夠自覺且能自我控制的部分。

- 「潛意識」裡堆積著意識所遺忘的記憶和知覺，甚至是意識「沒有直接碰觸到」的記憶和知覺。驅動這些蘊藏在潛意識裡的記憶和知覺，使其在意識上發揮作用，就能使潛意識表現為夢境與想像，然而當這種驅動成為意識的能力過強時，就會造成幻想和妄想的症狀。

- 潛意識裡存在著有別於透過意識所表現出普通人格之外的其他人格。這些潛意識中的人格會透過夢境顯現出來，一旦實際表現在外時，就是多重人格（雙重人格）的症狀。

某個青年所看見的夢境意義

然而重要的是，人們必須清楚地了解，驅動潛意識使其在意識上發揮作用，由於旨在補足意識行為的不足，因此，對當事者來說本來就不是不好的事情。針對此，榮格舉了一個青年的案例。

在這個青年的夢境中，他的父親是一位開車技術很差的駕駛，結果開車撞到了牆壁，青年因此非常生氣地指摘父親，但是父親卻因為喝醉酒，對於孩子的指責只是不斷地傻笑。

然而事實上，這個青年的父親在現實生活中是一個事業有成的人，也很受到青年的尊敬。既然如此，為何青年的夢中會出現如此不堪的父親形象？

對於這一點，榮格認為青年確實是打從心底尊敬父親，卻也造成他在意識上過分依賴父親，所以潛意識故意要讓青年看見無能的父親，好讓他能夠覺醒，體認到「我是我、父親是父親，我必須振作起來，靠自己的能力往上爬」這件事。

換句話說，青年所做的夢並非反映他對父親的不信任或反感，而是告誡自己應該要振作起來、自立自強，這

正是潛意識的驅動，目的是要青年振作奮發。

由於人的內心世界是由意識和潛意識組合而成，榮格心理學的研究目的，則是要促使我們的意識去認可內心裡潛意識的存在，在各自保有獨立性的同時，還能彼此相互整合成為一個完整的內心世界。

也就是說，唯有認同人類的內心世界是由意識和潛意識共同建構的這件事，才能形成完整人格。

意識與潛意識

意識

- 掌控日常生活中的知覺，從中創造出觀念。
- 本人能夠自覺且能自我控制的部分。

潛意識

- 堆積著意識所遺忘或是與本人沒有直接關係的記憶和知覺。
- 驅使潛意識中的記憶和知覺、使其形成意識。
  →夢境、假想→幻想、妄想
- 潛意識存在著不同於平常人格的「其他人格」。

「集體潛意識」的存在

榮格在跟病患談話的過程中，發現古代人與現代人心靈相通的事實。

何謂集體
潛意識

　　榮格認為，在人的潛意識裡，存在著超越本人所能體驗的「全人類共通的內心世界」，這就是「集體潛意識」。榮格對集體潛意識的說明格局非常大，因為人類的壽命畢竟有限，再長也不過百年，但榮格卻認為在我們的內心世界裡，堆積著幾千年、甚至幾萬年來人類內心世界相通的「回憶」。

　　依據榮格的說法，存在於人們內心世界裡，也就是潛意識裡所包含的要素，並非只有當事者個人的記憶和思想而已，還包含了超越個人體驗和記憶的全人類歷史、觀念、智慧；簡單地說，「有如人類第一代祖先的記憶，透過遺傳因子而代代相傳」，榮格如此說明。（此處「遺傳因子」的用詞純粹為比喻用，以醫學觀點來看，遺傳因子並非指父母將腦中的「記憶」遺傳給子女之意。）

　　以榮格所言觀之，人的潛意識並非僅由個人一生所孕育出來的東西，而是在每個人出生的那一剎那起，就已經具備了「全人類共通的記憶」，而這個共通記憶就稱為「集體潛意識」。

　　榮格進一步指出，人的內心世界裡存在著三個層面，首先是表現於外的「意識」，接著是隱藏在意識下且支撐著意識的「潛意識」。但潛意識裡，又分為由個人體驗與回憶所累積的「個人潛意識」；以及出生時就已擁有的「集體潛意識」。所以集體潛意識是比個人潛意識更加深層的潛意識。

　　因此，當一個人患上心病時，不能單純地以病患的個人體驗解釋發病原因。因為此時「個人潛意識」中夾雜著「集體潛意識」的要素在內，才會導致病情更加惡化、或出現的症狀更加多樣化。例如：某人因為與母親之間的

關係不良，而導致患有心病時，如果他再受到自己集體潛意識中全人類共通的母親形象刺激的話，很可能病情就會變得更加複雜。

夢境出現陌生事物的理由　　人有時還會在夢中看見實際生活裡從來不曾見過的風景，或是遇見超脫現實的怪物或怪人。

其實，對於夢中所見到的風景或人物，只要事後冷靜分析，通常都能豁然開朗，而有「原來我目前所擔心的事情透過夢中以如此的景象被表現了出來」這樣的領悟。不過還是有一些人會耿耿於懷地想著：「我怎麼會做這種夢？」不論如何解釋也無法釋懷。

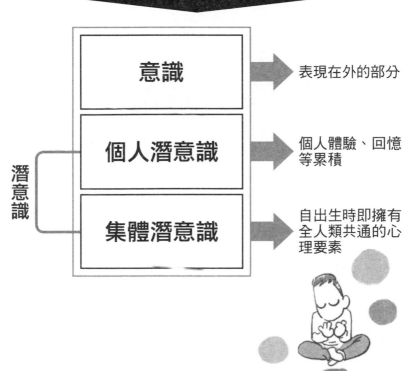

內心世界的三個層面

意識　→　表現在外的部分

個人潛意識　→　個人體驗、回憶等累積

集體潛意識　→　自出生時即擁有全人類共通的心理要素

潛意識

榮格認為夢中之所以會出現不曾見過的陌生事物，是因為集體潛意識作祟的緣故。也就是幾千年前祖先們所傳承下來的共同部分，而形成人類內心世界裡的共通回憶從中發揮作用的緣故。這也是榮格對於「神話故事的誕生」所做的解釋。

神話是世界上各民族在其歷史文化中所孕育出來、獨特的「神明的故事」，述說著神明如何創造大地與生命。

榮格是在伯戈爾茨利精神病醫院服務時，透過某一個神話故事發現了集體潛意識的存在。

太陽垂掛著男性生殖器

某一日，榮格看到一個病患凝視著窗外、不斷左右搖晃著頭，舉止非常怪異。當榮格問他在做什麼時，病患回答說：「你看！太陽中間不是垂掛著男性生殖器嗎？只要我一搖頭，它也會跟著搖頭，然後就會起風喔！」

若是其他醫師聽到病患這番話，恐怕會認為這又是一個毫無意義的妄想吧！但是榮格卻認為這句話的背後應該隱藏著某種意義。

以這個病患的個人體驗來看，並無法說明他的這種怪異舉動，不過榮格卻發現這個病患所說的話，與古代「太陽教（或稱密斯拉教）」祈禱文裡所闡述的內容一致。

太陽教起源於波斯，原為崇拜密斯拉神的宗教，而在希臘語的文獻裡，記述了一段：「太陽中間垂掛著一個筒子，當筒子向西傾斜時，就表示正在吹東風」，這段記述正好符合病患所說的內容。

然而，這個病患並不知道什麼是太陽教，既然如此，這究竟代表什麼意義呢？

古今人類的心靈是相通的

「太陽垂掛著一個能使風吹起的筒子」，這種想法來自於人類心底深處所擁有的某種要素，並發展成為神話。而這個要素，就潛藏在古代太陽教的信徒以及這個病

患的心裡，才會這麼偶然地產生相同的靈感。

換句話說，古代人和現代人的心靈深處裡，棲息著某種相同的要素。這也是榮格的新發現，他認為這個「某種要素」就是「集體潛意識」。

事實上，在全世界各地的神話故事裡，對於世界的誕生過程、以及神明們之間的關係等等內容，確實有很多相似之處。這是因為人類共通的要素，也就是「集體潛意識」棲息在所有民族的心靈深處，並大大影響神話誕生的緣故。正因為源頭是相同的，所以不同民族的神話內容才會如此類似。

所以說人類內心世界的深處，基本是來自於相同的記憶。這也是榮格所主張的論點，他認為全人類其實都是「真正的同胞」。

全人類的共通記憶，原來也潛藏在我的內心世界裡……

潛藏在潛意識裡的預知能力

榮格在白日夢中看見了第一次世界大戰的情形。

榮格清楚看見白日夢的夢境

榮格開始深入探究潛意識世界，是在他三十多歲、近四十歲的時候。當時的榮格，在現實社會裡受到不良人際關係、挫折等種種苦難的折磨，不但放棄了大學裡的崇高地位，更選擇了遺棄社會、天涯獨行的道路。這段時期裡的榮格，精神上處於非常危險的狀態，因為他每天都活在無以言喻的孤獨感中，並開始不斷看見各式各樣的白日夢（幻覺）。

所謂白日夢，是指在清醒狀態下所做的夢，也是潛意識故意要讓意識看到、由潛意識所製造出來的產物。

不過如果不了解這類白日夢所代表的意義，只是震懾於白日夢所出現景象的話，很可能會導致意識失衡，甚至造成心病的發生。

深知這一點的榮格，除了接受自己所做的白日夢之外，還拼命努力著不被這些白日夢吞沒，甚至開始嘗試客觀分析呈現在自己眼前的所有光景。換句話說，榮格努力將自己的心靈列為研究對象，試圖從中找出潛意識的本質。

一九一三年的秋天，榮格在旅行中突然看見了一個令人怵目驚心的白日夢景象。

他看到洪水突然氾濫，淹沒了北海與阿爾卑斯山之間的整個北部低窪地區，而且這場大洪水還波及到英國、俄國、北海沿岸、以及阿爾卑斯山。

許多文明的殘骸漂浮在洪水中，更有為數不少的人類屍體溺斃在洪水裡，整個大海的顏色頓時化為血紅的顏色。

沒多久洪水終於朝著榮格的故鄉——瑞士席捲而來，不過夢中的阿爾卑斯山群也跟著愈來愈高，最後終於擋住

洪水的侵襲，保住了故國瑞士。

**白日夢變
成了實景**

榮格在白日夢裡，看見了好幾次這種超乎尋常的景象，接著在翌年也就是一九一四年的四月、五月和六月，一場毫無預警的天然災害突然發生。在酷熱的盛夏裡，北極寒流突然來襲，不但將大地瞬間化為凍土，許多人還因此喪命。

當時的榮格對於這場突如其來的天然災害，不知道該怎麼解釋，因為他不明白當時自己的潛意識讓自己看見的白日夢，究竟想要傳達什麼訊息，跟這場北極寒流所引發的天然災害又有什麼關聯。結果他開始對自己的狀況感到悲觀且不知所措，最後甚至認為自己已經被自己的潛意識打敗，變成一個患有心病的人了。

但沒多久，事情開始有了轉變。在一九一四年八月一日，發生了歷史上的一個大事件，也就是第一次世界大戰的爆發。

榮格與白日夢

榮格（三十多歲近四十歲時）

辭掉大學工作且遠離社會

⬇

常常看見白日夢

⬇

一旦被白日夢所吞沒，就很可能引發心病

⬇

榮格為了不讓自己被白日夢吞沒，努力客觀分析夢境

依據榮格的説法，當時他突然澈悟到：「原來自己所看見的白日夢，就是在預告第一次世界大戰的發生」，也就是在警告自己歐洲即將發生危機，而不是針對個人即將面臨什麼危險的警示。

對於榮格來説，這是一個非常重大的發現。因為在超越科學理解範圍的人類潛意識力量，原來還具有預知未來的能力，而且並非只能預知與個人有關的問題，有時甚至能夠預見全人類共通的問題所在。至此榮格終於明白，每個人的潛意識並非只是專屬於己，而是全人類共有的東西。

因此，榮格確信只要探索明白潛意識世界，不但能夠解決個人的心靈問題，還能夠了解全人類共通的心靈世界。對於自己的研究能夠成為幫助全人類得到幸福的助力，榮格感到無限的喜悦，同時也感受到自己肩負重大的使命。

自傳未記載歸國之旅的冒險　　當第一次世界大戰爆發時，榮格正好受邀到蘇格蘭演講，回程時原本必須經由法國回到瑞士，但是當時的戰局已預測到德軍即將攻打法國，屆時將使得他的這趟回程變得非常危險，因此榮格被迫經由荷蘭進入德國，再沿著萊茵河回到瑞士，整整花了一個月的時間才回到故鄉。

榮格的這趟歸國旅程，正好發生在情勢緊迫的世界大戰之中，可説是一趟非常冒險的歸國之旅，但是事後榮格在他的自傳裡，卻對這一段冒險的回憶隻字未提。理由其實很簡單，因為對當時的榮格而言，探索潛意識世界是項浩大工程，遠比歸國旅程的辛勞，更讓人感到是一場驚人的冒險之旅。

畢竟歸國旅程的辛勞，只是個人問題而已，但是探索自己潛意識世界的這項工程，卻是關係到全人類的問題。

榮格後來也提到：「我花在探索自己潛意識世界裡的那一段歲月，是我人生裡最重要的歲月」。

榮格的白日夢預知了第一次世界大戰

榮格在看見充滿異象的白日夢之後，就爆發了第一次世界大戰，讓榮格領悟到原來自己所做的那個白日夢，是在預告第一次世界大戰的發生。

榮格的夢境分析比佛洛伊德更深奧

榮格認為夢境裡擁有「補償」與「告誡」的深層意義。

榮格與佛洛伊德的不同看法

「夢境」是將自己的潛意識世界以肉眼所能看見的影像來做比喻。這個說法先前（參照第46頁）就已經說明過了。所以只要了解夢境所代表的意義，就能夠理解潛意識世界。

首次以心理學觀點提出夢境與潛意識關係的並不是榮格，而是佛洛伊德。在一九○○年出版的《夢的解析》一書中，佛洛伊德清楚地說明了「夢是人們被壓抑在自己潛意識世界之下的慾望，透過形體所表現出來的一種影像」。

當時才二十多歲的青年榮格，也正開始在探討夢境所代表的意義，因此當他看到佛洛伊德所寫的《夢的解析》時，不禁感動萬分，甚至成為他想要認識佛洛伊德的一個重要契機。

不過榮格對於夢境意義的解析，遠比佛洛伊德來得複雜又深奧，他將自己對於夢境的獨特分析成果，應用在各種不同的心病治療上，並記錄了為數不少的夢境分析臨床實例。

依據榮格的說法，夢境所代表的意義，幾乎都是「意識的補償」。換句話說，夢境的作用在於告知當事人在意識裡所犯的錯誤或不完整的部分，並補足這不完整的部分。

榮格的夢境所代表的意義

為什麼夢境具有意識補償的作用，榮格以自己所做過的夢為例做了說明。

當時榮格正在治療一位女性病患，某一天晚上，榮格夢見這位女性病患站在山丘上的城堡裡，而夢境裡的榮格是以抬頭向上仰望的姿勢看著她。原來榮格在平常的治

療時間裡，不知不覺地以向下看（輕視）的態度面對她，這個夢就是在提醒榮格所犯的錯誤。

注意到這一點的榮格立刻反省自己，並在之後的治療現場裡，努力提醒自己以「同樣都是人」的平等態度來面對她。據說後來的治療過程變得非常順利。

夢境有時還會表達出另一個意義，那就是「告誡」。告誡並非指出目前的問題，而是顯現未來將會發生的問題，也就是所謂的「預知之夢」或「托夢」等等。通常可分為兩種，一種是暗示做夢者本人的未來，另一種則是暗示整個社會的未來。

後者這種範圍擴及整個社會的預知之夢，當然是做夢者的集體潛意識發揮強力驅動作用的緣故。例如榮格本身對於第一次世界大戰所做的白日夢（幻覺），就是屬於這種典型的預知之夢。

不過能夠看見具有告誡意義的預知之夢，畢竟屬於

榮格與佛洛伊德對夢境的不同解釋

佛洛伊德

「夢是人們被壓抑在自己潛意識世界之下的慾望，透過形體所表現出來的一種影像」。

榮格

「夢境的作用，在於告知當事人意識裡所犯的錯誤或不完整的部分，並補足這不完整的部分」。

極少數，否則如果每個人都這麼容易看見未來的話，人的一生也就不會有任何波折了。

所以千萬不可誤將夢境所代表的「補償」意義（提醒自己所犯的錯誤或不完整之處），解釋成只對自己有好處的「告誡」意義（對自己未來的提示），否則就會錯認為「我一定可以得到幸福」，而怠忽了該有的努力，最後造成無法挽回的失敗結果。換句話說，千萬別錯過了潛意識特地透過夢境對我們所做的警告，而浪費了這種難得的改善機會。

另一方面，不論古今中外，某些詭異的宗教或團體等，常常會利用這種托夢內容來斂財，千萬不要輕易相信和上當。

夢境分析的公式並不存在

榮格始終致力於理解這些夢境所代表的意義，進而追求探索潛意識世界的有效方法，他曾說過一句至理名言：「分析家想做什麼都可以，就是不要想去嘗試理解夢境」。這句話是什麼意思呢？

由於潛意識世界裡存在著「個人潛意識」與「集體潛意識」兩個層面，集體潛意識也就是人類共通的潛意識，所以夢境裡受到集體潛意識影響的部分，在某個程度上也是指具有全人類共通的意義在內。

假設某個人做了一個正在爬山的夢。此時攀爬險峻高山的行為，可能會被解釋成「盡最大努力只為了爬上比現在更好的位置」、或者是「站在高處往下看」等意思，最後分析出來的結果是：「做這個夢的人，正在尋求人生中的新挑戰」。

這種像數學公式般的分析方式，總是推論出過於簡單或是普通的見解，如果誤以為這就是潛意識所代表的意義，並信以為真的話，是一件非常危險的事。

就這個夢境內容而言，很可能牽涉到只屬於做夢者的人生，也就是個人潛意識的部分，因此夢中出現的爬山行為，對做夢者來說，可能就含有其他特殊的意義。例如

這個人在小時候曾經和家人一起去爬山，卻發生了一件嚴重影響親子關係的重大事件⋯⋯。若真是如此的話，那麼對於這個做夢者來說，「爬山」這件事代表的並非與挑戰自己的人生有關，而是代表自己對親子關係感到不安或不滿。

諸如此類，當個人潛意識的部分與夢境有很大的關聯時，要探討夢境所代表的意義，就必須採取慎重的態度才行，千萬不可輕易地認為「爬山＝意義 A 」，如果以這種輕率的態度來分析夢境，將會是一件很危險的事。

因此榮格所指，分析家不要想去嘗試理解夢境這句話的目的就是在提醒大家。

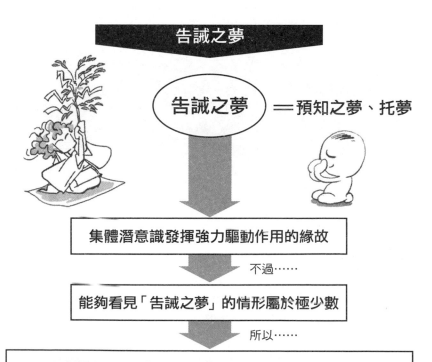

告誡之夢

告誡之夢 ＝預知之夢、托夢

集體潛意識發揮強力驅動作用的緣故

不過⋯⋯

能夠看見「告誡之夢」的情形屬於極少數

所以⋯⋯

凡事都解釋成「告誡之夢」時，很容易導致失敗

了解榮格的夢境分析理論

榮格的夢境分析理論有「聯想」和「擴大」兩大特徵。

慎重地分析夢境

夢境裡出現的場景和事物，究竟代表什麼意思？又有什麼意義？將這些夢境內容以數學公式般做整理，並進而分析的方式，就像在拼湊拼圖一樣，是非常有意思的工作。例如某人夢見一頭獅子時，你可以告訴這個人：「獅子象徵父親，可見你平常非常懼怕自己的父親」，或是夢見下了一場豪雨時，可以解釋為：「下雨代表淨化，表示目前厄運連連的狀況即將一掃而去，新的人生即將來臨」……諸如此類，為做夢者分析他的個性甚至未來，實在是一件很有趣的事。

不過這種固定觀念似的分析方式，畢竟屬於非常片面的分析手法，不見得真的能夠探知到當事者的潛意識世界。榮格對於夢境分析就採取非常慎重的態度。

榮格將夢境裡出現的場景和事物，分為「客體」與「主體」兩種。

何謂「客體」與「主體」

例如夢見「狗不斷狂吠著」，此時夢中的這隻狗是否真的只是代表一隻狗？還是潛意識想要傳達的某種東西的化身？

如果做這個夢的當事者，小時候曾經被狗吠叫過，因而留下一個恐怖的經驗，那麼夢中的這隻狗，就真的只是當時那隻記憶中的狗罷了，也就是夢中的這隻狗代表了真實世界的狗。但若夢中出現的狗，其實是當事者平日焦躁與不安情緒的象徵時，那麼這隻狗就是潛意識用來對當事者傳達訊息的化身。

因此夢境中所出現的人或物，代表「該人或該物本身」時，就稱為「客體」。但若夢中出現的人或物，其實是「潛意識借用來做為傳達訊息的表徵」時，則稱為「主體」。

客體與主體所代表的意義是完全不同的。當一個男性夢見一個女性時，對這個男性而言，夢中的女性是他憧憬的女性（客體），還是自己內心裡的女性要素以代表女性的人物形式出現（主體），有時是很難區分出來的。所以在進行夢境分析的過程當中，如果不特別注意這一點並加以判斷的話，很容易犯下解讀偏誤的大錯。

榮格夢境分析的兩大特徵

榮格在進行夢境分析時，總是特別注意客體與主體之間有差異的這一點，因此在他的夢境分析方法裡，有「聯想」與「擴大」這兩個重要的特徵。

首先是「聯想」。榮格會以夢中出現的各種人物或事物做為出發點，讓病患從中聯想其他的人物或事物、或是當事者所注意到的細節部分等，一個接一個的對當事者提出問題。榮格的目的並不在於得知這些人、事、物有什

夢境內容區分為「客體」與「主體」兩種

客體 夢境裡所出現的人或物，代表真實世界的該人或該物本身。

夢見狗在吠叫：小時候曾經真的被狗吠叫過，因而留下恐怖的經驗。

主體 夢境裡所出現的人或物，其實是潛意識借用來傳達訊息的化身。

夢見狗在吠叫：做此夢的當事者正抱持著「焦躁與不安」的情緒。

麼普遍性的意義，而是在探索對於當事者而言，這些人、事、物究竟代表什麼意義。

即使一開頭所提示的人、事、物相同，但每個人會從中聯想的答案卻不盡相同。例如有兩個人都夢見「一幢山中小屋」，此時若對這兩人提問：「那是什麼樣的山中小屋呢？請你詳細說明一下」時，A可能會回答：「很淒涼、看起來有點骯髒」，而B可能會回答：「暖爐裡的火正在熊熊燃燒著，非常溫暖」。以此類推，如果持續聯想下去，最後A和B所分析出來的結果一定是完全不同的。

第二個特徵則是「擴大」。夢境內容會受到人類共通的記憶，也就是集體潛意識的巨大影響，因此夢境裡出現的場景或人物，有時候會與古代的神話或童話等類似。如同先前說明過的，神話就是集體潛意識以「故事形式」表現出來的產物，因此即使不同人所做的夢境場景裡，出現某些相同的人、事、物時，也不是什麼不可思議的現象。

榮格更從中整理出，將個人的夢境意義透過類似的神話故事等內容獲取提示，進而達到分析效果的方法。換句話說，就是將夢境所要傳達出來的訊息，借由類似的神話故事內容來延伸、或從中找到主題，進而加以分析解讀的方法。

重複的夢境才是重要的

不論是採取「聯想」還是「擴大」的方法，榮格在進行夢境分析時，不會只針對一次的夢境內容進行分析，而是花上數日時間，針對病患所做的幾次夢境內容，依序分析下去，榮格非常重視這種分析方法。簡單來說，榮格將夢境內容當成一齣「連續劇」，採取從中分析劇情的方法。

不過夢畢竟就是夢，當然不會像真的連續劇一般，所有舞台背景和出場人物都固定，而是像完全不同劇情的「單元劇」一樣，個別出現。

但是榮格深深了解到，即使每個夢境內容不像連續

劇一樣連貫一致，仍舊有一個一貫性的主題，只要沿著這個主題觀察病患的心境成長與變化，就能夠分析病患的內心世界。

　　例如某個病患曾經夢到自己在森林裡遭受怪物攻擊，幾天後又夢見自己變成一個獵人，正在森林裡與怪獸搏鬥。就這個人的夢境內容來說，原本他始終畏懼於自己所未曾注意到的某種壓力，但是漸漸地他開始能夠勇敢面對這個壓力，最後甚至戰勝了這個壓力，而開始對自己的人生充滿自信……。這就是該名病患的心靈成長過程，換句話說，他的夢境內容產生變化，正代表了他的心境也在成長變化。

　　榮格的夢境分析法就是如此地細膩、有深度，也因為他始終採取這種嚴謹的分析手法，一一為病患量身訂做，深入分析他們的每個夢境內容，才能拯救許多患有各種不同心病的病患。

夢境分析中的聯想與擴大

夢境分析

擴充

聯想

- 夢境內容受到集體潛意識巨大的影響。
- 夢境內容常常會與古代神話或童話等類似。

- 榮格從夢境內容中聯想相關的人、事、物，並一一向病患提出問題。
- 目的在了解夢中所出現的人、事、物，對於當事者而言有什麼意義。

榮格從類似的神話故事內容中獲取提示，並加以分析解讀。

經過聯想的方式擴展開來之後，即使原本夢境內容一樣的人，也會有不同的分析結果。

外向、內向最早由榮格提出

「外向」、「內向」是為了說明兩大類意識態度所發明的言詞。

何謂外向與內向

我們常常會用到「外向的人」、「內向的人」來形容別人的個性。這種非常普通且廣為一般大眾所使用的形容字眼，其實是來自於榮格心理學，這是榮格為了說明人類的內心情況（意識態度）所發明的兩大類形容用語。對於外向型與內向型這兩種意識態度類型（**譯注：也就是外傾性格與內傾性格**），榮格做了以下的說明。

當一個人遇到某種令自己厭惡的場面時，通常會顯現出對這種場面感到「很厭煩」的態度，以表示自己的抗拒，之後再做出反應。但也有一些人在遇到厭惡的場面時，立刻確信自己的判斷絕對正確，而毫不猶豫地當場做出反應。

像前者這一類不會馬上表達反應的人，對於和客體（發生的狀況或他人）之間的關係，總是採取消極的態度，即「內向的態度」（內傾性格）；而後者這一類直接表達反應的人，則採取積極的態度，就是「外向的態度」（外傾性格）。

內向的人的態度為何

內向的人比較注重自己的內心世界，而非外在的世界，因此對於周遭所發生的狀況，會把重點放在是否合乎自己的內心世界、以及是否是自己能夠接受的狀況上，至於所發生的狀況是否符合社會上所定義的一般價值，基本上並不在乎。

就如同榮格對「內向型」的說明一樣，這種內向的人不論面對什麼事情，都會先採取抗拒的態度，然後再設法從中觀察。例如在街上遇見某位名藝人時，內向的人通常不會只因為對方是社會上有名的人物就想去接近他，而是透過自己的價值觀來判斷，若對方不是自己所喜歡的人

物，不管對方再有名也不會因此靠近。

　　內向的人平常就沒有「設法讓自己去配合外在世界」的想法，所以，常常在進入一個新的環境或狀況時，會因為無法立刻融入該環境或狀況，而變得不知所措。另外，由於內向的人隨時都在檢視自己，長期下來有時很容易變成自我批判、或是沒有自信。

　　不過內向的人只要建立自信之後，即使遇到一些問題或他人的批評，也能夠勇敢面對而不再退縮。換句話說，當內向的人已經能夠習慣特定的環境，讓這種環境成為適合自己的環境之後，他們就能依照自己的信念，徹底發揮個人的能力。

外向的人的態度為何　　相反地，外向的人比較注重外在的世界，而非自己的內心世界，因此對於周遭的環境、狀況，都會採取積極

外向與內向

外向	內向
●遭遇到某種情況時能夠很有自信地立即反應。	●遭遇到某種場面時採取抗拒的態度。
●對外在的世界比較在意，勝過對自己的內心世界。	●對自己的內心世界比較在意，勝過對外在的世界。
●不論遇到什麼環境、狀況，都能積極地參與。	●從沒想過要讓自己去配合外在的世界。

的態度來參與,不過說穿了,就是不管遇到什麼環境或狀況,都是能夠大致隨便應付過去的人。

由於外向的人被認為是依賴外在世界的人,所以很難靠自己的力量就獲得人生的滿足。如果外向的人在街上遇見名藝人時,通常就會如同榮格所說的,不論自己喜不喜歡這位藝人,都會立刻接近對方,想與名人有所交流,因為唯有這樣,才能給自己滿足的充實感。

認可另一種態度的重要性

然而,不論是內向的人還是外向的人,如果無法得到周遭的人給予比較公正的評價時,就很有可能發生悲劇。

例如當一個內向的人,進入周圍都是屬於外向的人的群體(不論在家庭或社會)時,很容易就會被周遭的人批評為:「好陰沉的傢伙」,或是「那傢伙老是躲在自己的世界裡,一點也不合群」等等。相反地,當一個外向的人,加入周圍都是內向的人的群體(如修道院等)時,就會被認為:「那個人怎麼這麼輕浮,一點也不穩重」,或是「那個人的價值觀真是膚淺,凡事都只看表面」。

當個人被外界如此批評時,到最後常會屈服於外界的聲音,反過來否定自己原有的態度,甚至開始認為:「我真是一個沒用的人」。不管上述的哪一種批評聲音,基本上都是因為將自己單方面的想法,強行加諸在他人身上所造成的錯誤偏見。

外向的人與內向的人,原則上並不容易互相接受對方,也常常因此造成誤解和偏見,甚至陷入就是無法喜歡對方的情況,或許這也是無可奈何的事。

依照意識態度可分為外向與內向這兩種完全相反類型的人,雖然雙方沒有必要非勉強自己去喜歡對方不可,重點是只要能夠有「認可對方」的想法就行了。也就是說,只要能夠明白:「雖然這個人和我差很多,不過並不代表這個人『錯了』,因為這個人和我一樣都是人」這個道理就行了。

認可不同意識態度的重要性

外向與內向共存在內心裡

每個人都同時有「外向」與「內向」的性格，而非只有單一性格。

表現在外的單一性格

上一節所提的「外向」和「內向」這兩種意識態度，也是一組構成完整內心世界的「對比要素」。換句話說，人的內心世界裡，並非只存在單一的意識態度，因為每個人都同時有外向與內向這兩種性格。

不過外向與內向這兩種相反的意識態度，通常不可能在個性或行為上同時顯現，表現在外的會是「意識」上的單一性格，也就是人們平常所表現出來的「習慣」。

但是如果表現在外的意識態度過於激烈或是過於頑強時，潛藏在內心深處裡的另一個「潛意識態度」，就會為了補足不當的狀態而顯露出來。

例如平常很外向的人，正一如往常地在慶典上興奮喧鬧時，卻突然間安靜下來；或是原本很內向的人，突然在會議上高談闊論，大聲主張自己的意見，讓周圍的人大吃一驚⋯⋯等等。

遇到這樣的情況，通常周圍的人會認為，這個人今天好像「變了一個人」，事實上並非這個人真的變了，而是他平常表現在外的態度被潛意識裡的態度取代了。不過當這種「補足的力量」太過強勢時，也會引起心病的發生。

留意內心裡的另一個性格

例如有某個太過外向的人，為了吸引周遭人的注意而在眾人面前過分耍嘴皮，每天都講恐怖話題，就只為了讓大家感到有趣，長期下來，會使得他內心世界裡的內向態度發揮作用，造成他變成自己想像世界裡的俘虜時，反而會讓周遭的人認為他很自私，一天到晚淨說這種話題，迫使他人聆聽，進而對他感到厭煩。

相反地，如果太過內向的人完全無視他人的眼光，

只是一味地封閉在自己世界裡的話，也會促使內心世界裡的外向態度發揮作用，反過來變成非常在意他人眼光的人，甚至因而變得焦躁並陷入心靈疲憊的狀態。

一旦發生前述的這些狀況時，很可能陷入罹患心病的危機，就連當事者自己也無法收拾殘局。

在上一節的內容中，我們知道內向的人必須理解外向的人的內心世界，而外向的人也必須理解內向的人的內心世界，彼此認同才不會造成誤解。而在這裡，更可進一步地引申為：內向的人必須理解存在於自己內心世界裡的外向態度；外向的人同樣必須理解存在於自己內心世界裡的內向態度。避免兩種性格的其中之一過度發展，而造成引發心病的危機。

同時存在的內向態度與外向態度

內向　　　外向

意識態度如果太過強勢時，潛藏在潛意識裡的相反動力就會發揮作用

如果情況太過嚴重時，就很可能誘發心病

- 內向的人對於自己內心世界裡的外向態度
- 外向的人對於自己內心世界裡的內向態度

都必須有所理解才行

榮格所主張的四種心理功能為何？

榮格認為人都擁有思維、情感、感覺、直覺的四種心理功能。

每個人都擁有四種心理功能

　　榮格主張每個人的內心世界裡，都擁有四種能力，而這四種能力就稱為「心理功能」。

　　這四種功能分別為「思維」、「情感」、「感覺」、「直覺」，其中「思維」與「情感」、以及「感覺」與「直覺」都是對比性的關係。也就是說，這兩組對比性的心理功能，成就了一個完整的內心世界。

　　不論是誰都同時擁有這四種心理功能，而非只擁有這四種功能中的其中一種。只是這四種功能當中，有一種功能會特別發達並表現在外，也是大大左右一個人的個性和行為的功能。換句話說，四種功能當中，有一種功能會深深地影響「意識」的表現。

　　反過來說，與表現在外的功能相對比的另一種功能，正蘊含著大量能量潛藏在「潛意識」裡，而另外的兩個對比性功能，則扮演「輔助功能」的角色，輔佐表現在意識上的功能。

　　例如當「思維功能」引導著一個人的個性和行為時，「感覺功能」和「直覺功能」就會從旁輔助，而與思維功能相對的「情感功能」則留在潛意識裡運作。

　　若以心理學上的專有名詞來區別時，表現在意識上的功能就稱為「主要功能」，而與此主要功能成為對比性、潛藏在潛意識裡的功能就稱為「次要功能」。不過這種區分名稱，有時很容易招來誤解。

　　因為一般來說「次要」就代表不重要，給人一種存在感很薄弱的感覺，不過先前已經說明過很多次，潛意識世界裡其實蘊含著非常大的能量，因此「次要功能」只是代表平常沒有顯現在意識層面上的功能而已，其實它是非常強勢的存在。

　　那麼這四種心理功能，究竟各擁有什麼樣的特徵？其實它們之間的特徵區分，主要在於對一個對象物（事或物）而言，它在內心世界裡如何運作。

思維功能與情感功能

　　「思維功能」是指對「對象物」所代表的意義進行思考的能力。換句話説，就是站在理性觀點上，理解「這到底是什麼」的能力。

　　思維功能可以從中導論出：這個東西屬於什麼類別？它擁有什麼樣的價值？它所成立的公式或規則是什麼？可以從它身上學到什麼？

　　與這種功能相對應的「情感功能」，則是讀取對對

四種心理功能

思維	⟷	情感
感覺	⟷	直覺

每個人都同時擁有這四種功能

但只有其中一種功能特別發達並表現在外

象物好感度的功能。說得更明白一點，就是決定這個對象物是讓人覺得舒服、還是令人感到不舒服的能力。

　　情感功能不需要任何複雜的理論，完全只探討人們能夠從這個對象物身上得到什麼樣的快感，亦即分析這個對象物的價值能力。

感覺功能與直覺功能

　　「感覺功能」是辨別對象物形體的能力，也就是在判斷對象物所代表的意義、以及對該對象物的好惡感情之前，先掌握對象物的實際顏色和形狀、大小、位置等的能力。這是一種非常客觀的理解能力，因為內心世界能夠直接認知到外在世界，所以也可說是一種判斷現實狀況的能力。

　　至於「直覺功能」，一言以蔽之，就是「靈機一動」的能力。當人接觸到對象物（物或事）之後，會從該對象物的特徵開始展開想像，然後從中聯想到別的事物，或是從某種聯想當中，發展出獨特的創意。像這種從對象物給人的印象當中（例如一幅繪畫中所蘊含的畫家心情），注意到其他事項的這種功能，正好與透過理論分析來理解的思維功能，形成強烈的對比。

　　不過要特別注意的一點是，這種透過直覺功能所注意到的事物，並非等於當事者本人對於該對象物的個人主觀印象，而是該對象物原本就擁有那種要素，只是透過直覺功能被挖掘出來罷了。

　　換句話說，從接觸的對象身上靈機一動，想到其他新創意所代表的意義，就是該對象物存在能夠讓人靈機一動的要素，所以直覺功能就是引導出對象物所擁有潛能的功能。

四種心理功能的特徵

❶ 思維功能

- 思考對象物所代表意義的功能
- 這個對象物屬於什麼類別？它擁有什麼樣的價值？
- 導出公式或規則等

❷ 情感功能

- 讀取對對象物好感度的功能
- 不需要複雜的理論，只探討人們能夠從這個對象物身上得到什麼樣的快感

❸ 感覺功能

- 實際辨別對象物形體的功能
- 客觀判斷現實狀況的能力

❹ 直覺功能

- 透過對象物的特徵發現自己的獨特創意
- 引導出對象物所擁有潛能的功能

何謂理性功能與非理性功能？

對於事物的看法，理性功能採取「這個應該是……」的態度，非理性功能則採取「這個就是……」的態度。

理性功能與非理性功能　　　榮格將思維功能與情感功能歸類為「理性功能」、感覺功能與直覺功能歸類為「非理性功能」，且這兩組成對的功能存有對比性功能的要素。

　　既然名為「理性」，當然就含有理論性或論理性的意義在內，而理性能力是透過經驗所培養出來的能力。

　　因為人在接觸各種形形色色的人、事、物時，會從中觀察這些人、事、物所產生的影響及結果，然後加以學習，並透過這種學習來累積經驗，漸漸培養出對事物的看法，而有「這件事情最後恐怕會是這種結果」、「從這件事上面可以得到這種結果或教訓」、或是「這種東西應該能夠取悅大家」、「發生這種事，大家應該都覺得不太舒服」等等的判斷能力。

　　由於思維功能與情感功能這兩種心理功能，是屬於透過經驗所培養出來的理性判斷能力，因此被榮格稱為「理性功能」。

　　相對地，感覺功能與直覺功能基本上並不太受當事者的經驗所左右，而是對於顯現在眼前的人、事、物，以自己當下的感覺直接做出反應。

　　這類功能對於事物的前後關係並不是很在意，只是接受顯現在眼前的人、事、物的姿態。正因為如此率直地接受眼前所發生的一切，因此有時候會突然靈機一動，聯想到其中的關鍵性。由於這類功能不需要理性發揮作用，因此被榮格稱為「非理性功能」。

在冬天看見櫻花的反應　　　所以簡單來看，「理性功能」指的就是對於人、事、物的看法採取「這個應該是……」的態度，而「非理性功能」則採取「這個就是……」的看法。

　　例如在寒冷的冬天裡，看到櫻花樹上開滿著花朵，若是內心世界是以理性功能為核心功能（主要功能加上次要功能）的人，面對這樣的狀況，一定會大吃一驚，認為：「怎麼可能會有這種事……」，因為在他所累積的經驗認知裡，冬天根本不可能有櫻花盛開。

　　但若是內心世界是以非理性功能為核心功能的人，大概就會認為：「哦，原來冬天也會開櫻花呀……」，而坦率地接受這個事實。

　　不過無論是以理性功能還是非理性功能為「核心功能」，一旦太過偏差時，還是有可能造成內心世界失去平衡。例如以理性功能為核心功能的人，在遇到出乎意料的狀況時，可能會有「為什麼？怎麼會有這種事？」這樣的感覺而驚慌失措，至於以非理性功能為核心功能的人，雖然能夠很坦率地接受出乎意料的這個事實，但也可能在看到以理性功能為核心功能的人不斷懊惱思考的樣子，反而

理性功能與非理性功能

思維功能
情感功能
→ 理性功能

透過經驗的累積，培養出「這種情形可能會變成這樣」的判斷能力的功能。

感覺功能
直覺功能
→ 非理性功能

不被經驗所左右，只針對眼前的人、事、物做出反應的功能。

因為不解而感到不悅，甚至責備起對方：「你不是都親眼看見了嗎？櫻花是開著的呀」。

　　榮格認為在談論人們的個性時，除了先前已經敘述過的外向型與內向型這兩種意識態度之外（譯注：即外傾性格與內傾性格），應該再搭配思維、情感、感覺、直覺這四種心理功能來考量，因此榮格提出了八種性格類別的理論。

　　當然，即使榮格提出了性格的「類型論」，仍然無法完全解釋清楚人們的複雜個性，因為心理學是一門需要以莫大耐力去觀察與分析的學問，畢竟要理解一個人的性格，是需要花上很長一段時間來慢慢研究的。

　　不過要將人類的內心世界大致做一個區分時，「心理類型理論」仍然是一個較便利的工具。因為這種理論正是探究人類心理的第一步踏板。

　　榮格所主張的八種心理類型分別如下：
- 外傾思維型
- 內傾思維型
- 外傾情感型
- 內傾情感型
- 外傾感覺型
- 內傾感覺型
- 外傾直覺型
- 內傾直覺型

　　這些心理類型都是表現在當事者意識層面上的性格類別，只要該類別的性格特徵能夠有效發揮作用，就能成為特色而表現在外，還可因為發揮個性得當而達到成功的境地。

　　不過一旦這些性格類別太過於偏差或強烈，導致影響日常生活時，潛藏在潛意識裡的態度及心理功能為了挽救這種偏差便會出現。然而所出現的這股「補足力量」若是表現得過於強烈，反而會造成心理失去平衡，甚至引起心病的發生。

八種性格類型

外傾思維型　　　　**內傾思維型**

外傾情感型　　　　**內傾情感型**

外傾感覺型　　　　**內傾感覺型**

外傾直覺型　　　　**內傾直覺型**

這些性格類型都是表現在當事者意識層面上的個性類別，只要該類別的性格特徵能夠有效發揮作用，就能成為特色而表現在外，還可因為發揮個性得當而達到成功的境地。

性格類型 ①：思維型與情感型

什麼是外傾或內傾思維型？什麼又是外傾或內傾情感型？

外傾思維型

　　究竟這八種性格類型是什麼樣的內容？在此做一具體說明。

　　外傾思維型的人會研究外在世界（現實）裡的各種現象，試圖從中找出規則或公式等一定的法則。這一類型的人很渴望了解大自然和整個社會的結構，甚至是人們的行為模式等，換句話說，外傾思維型的人屬於學者型人物。

　　如果外傾思維型的人能夠將他們所觀察的結果，巧妙地應用在社會上並將其推廣的話，就能造福人群、創造出更美好的社會。就像是優秀的經濟學者，總是能夠將他的分析和建議，用在提升整個社會景氣上一樣。

　　相反地，如果這類型的性格特徵特別發達的人，就會過分追求所謂的公式或規則，進而硬要將公式或規則套用在所有事物上。

　　這樣的人若擔任學校教師一職，就會強烈地認定自己心中的理想圖才是人類唯一正確的存在之道，而想強行加諸在所有學生身上，強迫學生接受，並斷定「不接受我的想法的學生，都是不可雕的朽木」，而做出非常嚴重的錯誤認知及判斷。

　　另一方面，如果過度發揮自己的「思維功能」，而壓抑了次要功能的「情感功能」時，可能會讓內心失去平衡，表現出如同任性小孩鬧彆扭一般、令人大感意外的幼稚一面。因此常常聽到有人批評：「學者有時候都很幼稚，像個小孩子一樣」，其實是因為他們潛意識裡的情感功能顯露出來的緣故。

內傾思維型

　　與外傾思維型的人不同的是，內傾思維型的人雖然同樣會追求規則或法則，但他們追求的興趣在於自己的內

心世界，因此常常苦思「我到底是什麼？」甚至擴大思考「人類到底是什麼？」這樣的疑問，這一類型的人基本上也是學者型人物。

內傾思維型的人若能巧妙發揮其性格特徵，就能創造出普通人所想不到的獨創巧思，而一般人透過這一類型人的教導，就能夠體會到人類這種生物的奧妙之處，進而接觸到人類豐富的精神世界。就這一點來看，內傾思維型的人也是對社會有很大的貢獻。

不過內傾思維型的人一旦踏錯方向，就容易陷入自我的狹隘世界裡，有些人甚至會陷入破壞人類所有原則的偏差思想內，而一點也不自知。例如突然說出：「黑暗才是真實的世界，人類都是白天沉靜、夜晚活動的動物」之類偏頗的言論。若演變成有這樣偏差思想的人，就再也不會有人願意接近他了。

兩種思維類型的特徵

外傾思維型的特徵

● 研究現實世界，試圖找出規則或公式等一定的法則。

→學者型人物

● 若能將整理出來的規則巧妙運用在社會上時，就能得到成功。

● 個性特徵過度發揮作用時，就會強行要大家接受公式或規則。

內傾思維型的特徵

● 追求存在於自己內心世界裡的規則或法則。

● 若能運用自如時，有時能想到別人所想不到的獨創巧思。

● 一旦踏錯方向，就會陷入自我的狹隘世界裡，甚至表現出違反社會原則的言行舉止。

外傾情感型

外傾情感型的人，是身處於外在世界也就是「大多數人的世界」裡，會追求大多數人所喜愛的事物，是屬於很喜歡跟隨流行的人，不過這一類型人，若是能在群體裡扮演「炒熱氣氛的人」，更能成為一個非常重要的存在。

外傾情感型的人如果能發揮自己的長才，就能確實發現並進而創造出受大家歡迎的東西，雖然這些東西或許沒有奧妙的哲學或高深的理論，卻能讓大多數人感到有趣。所以這一類型的人很容易在演藝界或娛樂界裡大放異彩。例如成功創造出「早安少女組」的製作人等，就是這一類型的代表人物。（譯注：早安少女組為日本知名的女子歌唱偶像團體，製作人淳君透過選秀會選出成員，其競爭過程與表演活動在日本都造成大轟動。）

不過如果外傾情感型的人過度發揮其性格特徵時，容易變成一個只懂得諂媚世人卻完全沒有自我的人。有時這類型人的內心世界為了挽救這種偏差，潛意識裡的思維功能開始運作，就會突然變成失去熱情且充滿空虛感的人。

內傾情感型

相對地，內傾情感型的人基本上完全不在意利害得失，也不太在意旁人的眼光，只是追求能夠讓自己真正感到快樂的人生，他們重視的是心靈上的滿足，而非物質或權利上的慾望滿足。

內傾情感型的人，並不會去汲汲營營地追求財產或社會地位，換個角度來看，這種人可說是對賺錢一事並不是很感興趣，因此也不會很重視工作。

這樣的看法當然不是指內傾情感型的人很懶惰，而是指即使他們的生活過得有些清寒，仍會以冷靜檢視自我為主要的追求目標，換句話說，這一類型的人屬於宗教裡的修行者型人物。

由於內傾情感型的人不會主動追求與社會（多數人）有所交流，因此在旁人的眼裡，常常會覺得他們是很難相處的傢伙，而對他們產生負面的評價。不過這一類型

的人其實是非常細膩又有強烈愛心的人，有時甚至能做到為了他人而放棄自己利害得失的地步，也就是具有犧牲小我完成大我的精神。因為對他們來說，為他人奉獻更能得到無比的喜悅。

榮格就是屬於內傾情感型的人，他甚至形容這種個性如同「平靜的湖水，總是深不見底」，言下之意，雖然他的外表看起來不太起眼又很文靜，但他的內心深處裡其實懷抱著超越庸俗利害得失的幸福感。

然而，內傾情感型的人有時會過於與外界隔絕關係，閉塞在自己的世界裡，並對於自己不太喜歡或毫無興趣的對象，表現出冷漠甚至是殘酷的態度。

例如：只知道溺愛自己的小孩，對於別人家的小孩遭遇不幸或不測，卻表現得毫不在乎，有這樣自私想法的媽媽可說是這一類型的不良代表人物。

兩種情感類型的特徵

外傾情感型的特徵

- 追求大多數人所喜愛的事物。→喜歡跟隨流行的人
- 能確實發現並進而創造出受大家歡迎的東西。
- 如果過於發揮性格特徵時，容易變成一個只懂得諂媚世人卻完全沒有一點自我的人。

內傾情感型的特徵

- 追求能夠讓自己真正感到快樂的人生。
  →屬於宗教裡的修行者型人物
- 能放棄自己的利害得失，為了完成大我而犧牲小我。
- 閉塞在自己的世界裡，對於自己不太喜歡的對象，有時會表現得冷漠、殘酷。

性格類型②：感覺型與直覺型

什麼是外傾或內傾感覺型？什麼又是外傾或內傾直覺型？

外傾感覺型

外傾感覺型的人，是毫無條件接受外在世界（現實）的一切，並對這種人生感到滿足的人。這一類型的人，基本上不太會去追求周遭發生的人、事、物所代表的意義或價值，純粹只依照自己的感覺與外在世界接觸。

換句話說，外傾感覺型的人總是憑藉著生物本能，亦即五種感官能力來接受外在世界的一切。即使他們在與異性交往時，也會比較容易接受肌膚相觸所帶來的喜悅，而非心靈上的契合。這種態度常常在道德上被批評為放蕩不檢點，不過這也是人的性格類型之一。

外傾感覺型的人不會被自己的好惡或人生觀所左右，通常能夠正確掌握現實環境，像是對於金錢流向要非常清楚的外匯操作專家若是屬於這類型的人，通常都能獲得成功。此外，若是屬於「輔佐功能」的思維功能能夠適時從旁協助時，這一類型的人就能成為一名出色的行政人員，確實整理好各種所需的資料。如果是從事製作物品的行業時，也能成為一名非常重視精確性（例如尺寸大小等）勝過於獨創性的出色師傅。

如果外傾感覺型的人會有著失敗人生的話，大致可分為下列兩種情況：

首先是這種個性的庸俗面發揮過度所致，成為只知道沉溺於性慾世界裡的人，導致踏錯人生的步伐。

另一種情形是因為當性格特徵表達太過時，引發潛意識裡的另一股反動力量，亦即「直覺功能」開始失控，造成原本一個非常認真的人，卻突然被莫名其妙的事物所吸引，而加入詭異的宗教團體等組織。

內傾感覺型

　　內傾感覺型的人在接觸現實世界時，不會只是單純接受現實世界的外在姿態，而是加上「接受處在現實世界裡的自己的內在世界」，藉以掌握現實世界的真實狀況。或許這樣的說明有些不易理解，不妨將它們之間的不同，比喻為「照片」與「風景畫」。

　　照片是透過機器的力量，單純捕捉現實世界的東西，但是風景畫除了表現現實世界之外，還蘊含並反映出畫者對該風景的感受，而這種感受絕不是畫者個人的擅自想像，而是該風景所醞釀出來的氣氛，讓畫者有所感受的緣故，這也是機器所無法捕捉到的東西。

　　換句話說，內傾感覺型的人除了能夠正確接受事物的姿態及狀況外，還擁有掌握該實際狀況深奧之處的能力。由於這一類型的人，能夠深深感受音樂或美術等藝術

兩種感覺類型的特徵

外傾感覺型的特徵

- 毫無條件接受外在世界的一切，並對這樣的人生感到滿足。
- 能夠正確掌握現實世界，而能成為一名出色的外匯操作專家等。
- 容易沉溺於性慾世界、或加入詭異的宗教團體。

內傾感覺型的特徵

- 不只單純接受現實世界的外在姿態，還能加上自己的內在世界來掌握現實世界的真實狀況。
- 正確接受事物的狀態並掌握該實際狀況的深奧之處。
- 適合當鑑定專家或藝術評論家等。

的精髓所在，所以很適合當一名鑑定專家或藝術評論家等。

外傾直覺型

所謂外傾直覺型，指的是能夠洞察出外在世界存在的他人或事物中，所隱藏具有未來可能性的人，亦即超越眾所周知的事，能夠比一般人先察覺到眾所不知的事物。例如：發掘有才能的新人，進而促成耀眼新巨星的誕生、或是察覺隱藏在各個領域裡不為人知的內幕、又或是稍加動腦，創造出方便使用的新產品……等，這一類型人就是有能夠讓眾人大感新鮮意外的能力。

外傾直覺型的人很難適應安定規律的生活，因為他們總是抱持莫大的好奇心，不斷嘗試尋找「有沒有什麼新鮮的玩意兒」，一心只想挑戰這個世界，因此很不擅長落腳於同一個地方，將所有心力投注在同一項工作上。

從這一點看來，這一類型的人或許很難在社會上成為一個成功人士，不過對於他們來說，比起安定的成功生活，不斷在變化多端的環境裡追求新發現，更能讓他們感受到活著的充實感。

內傾直覺型

內傾直覺型，是八種性格類型當中最不易被人理解的類型。這一類型的人，追求的是自己內在的未來可能性，也就是當事人雖然目前並不清楚那究竟為何，但或許有一天自己能創造出一種發展性，並因此一味地踏進自己的內在世界。

就旁人的眼光來看，完全無法理解內傾直覺型的人到底在追求什麼，畢竟個人內在世界裡的未來可能性，並不是一個能夠與他人共享的東西。

當這一類型人想要傳達自己所要追求的事物時，常常會以「詩詞」的方式來表現。詩詞原本就是將無法與他人共有的「個人內心世界裡所創造出來的東西」化為文字的一種工具，因此很難以簡單的理論來說明，唯有閱讀詩詞的讀者設法去接近詩人的內心世界，否則是無法理解箇

中真諦。

　　所以要一個外傾性格的人去理解詩詞，並不是一件容易的事，也因此愈是有深度的詩詞，懂得欣賞的讀者就愈少，這或許也是無可奈何的事。

　　由於內傾直覺型的人很難與他人有所交流，因此平常總是藉由「輔佐功能」的力量，勉強過著一般的社會生活，即使他們常常表現出冷淡的態度、或是壓抑心中的不滿，任憑別人的擺佈。如果周遭的人至少可以理解他們這一點，最好還能夠如此慰藉他們：「雖然你的個性和我不一樣，所以我們很難成為好朋友，不過這就是你的個性，絕不代表你有錯，這一點我能夠理解。」

　　以上就是榮格對於人類的性格所做的分析及整理，雖然只分為八種類型，似乎比較籠統一些，不過卻也非常接近人類的本質，可說是非常高水準的精闢見解及分析。

兩種直覺類型的特徵

外傾直覺型的特徵

- 能察覺到別人所察覺不到的人、事、物。
- 很難適應安定規律的生活，隨時對新事物抱持好奇心。
- 很難成為社會上的成功人士，但日子過得很充實。

內傾直覺型的特徵

- 為了追求自己的未來可能性，而踏進自己的內在世界。
- 旁人很難理解這一類型的人到底在追求什麼。
- 平常總是藉由「輔佐功能」的力量，勉強過著一般的社會生活。

榮格心理學中的情結指的是什麼？

榮格對於「情結」的定義不同於一般人所認知的意義。

**情結不單
只是「自
卑感」**

「情結」這一個詞，現今已經被利用的非常頻繁。像是：「我在小時候跑得很慢，這一直是我的情結呢……」，應該聽過類似這樣的話吧。若以這句話來看「情結」一詞的意義，基本上是指自己因為某些地方有低於他人之處，而感到自卑、羞恥時所用的形容語詞。

其實「情結」也是榮格心理學的用語之一，最初出現在一九○六年榮格的著作裡，之後也被廣泛應用在日常生活中。

不過前述的情結所代表的意義，並非榮格所主張的情結意義，榮格心理學上所應用到的「情結」概念，含有更深遠、複雜的意義。

以剛剛提到的「跑得很慢」一事為例，顯然是在與他人相較之下顯得比較劣勢的客觀事實，也許是這個人在賽跑時總是最後一名、或是五十公尺的賽跑成績比平均秒數慢很多等等。這種情形是無法將人們的情感加進去的一個確切事實，因此當事者有所自覺，產生了「很可惜」或「很丟臉」的想法，其實這是一種非常理性的判斷。換句話說，當事者的「意識」對於這種實際情況，早已有所認知。

那麼對於說出：「我從小就對自己的腿很粗這件事感到很難為情」這句話的當事者，他的心情又是如何呢？其實這句話所代表的「情結」才是榮格所主張的情結意義。

因為「腿很粗」這件事，很難以客觀方式判斷是否比其他人優或劣，可能以一般人的眼光來看，說不定認為當事者的腿根本一點也不粗；換句話說，「腿很粗」這件事甚至不是一個事實，只是當事者自己想太多了。所以這是沒有辦法以理性來判斷的事情，更沒有必要對自己斷下

負面評價。事實上，只要仔細觀察周遭的人就能發現，有不少與我們的腿一樣粗，甚至比我們的腿還要粗的人，都能泰然自若地過日子。

情結是潛意識的拘泥表現之一

簡而言之，「情結」是指：若以理性或客觀立場來判斷時，根本是一件沒有什麼大不了的事，但自己的心理卻不斷拘泥在這件事上的意思。也可以説，「情結」就是「偏離意識所能控制的感情」、或是「潛意識裡的拘泥表現」。

這種「拘泥」與一般所謂的「好惡」不同，因為不論對事物感到喜歡或討厭，通常都有可以解釋的個人理由。例如：我喜歡山勝過於喜歡海，理由是因為山上的樹木及綠葉更能療癒我的心靈等等。

何謂情結

情結 ＝ 若以理性或客觀立場來判斷時，沒有什麼大不了的事，卻讓自己不斷拘泥並感到自卑的情感。

 換句話説……

存在於潛意識裡的一種拘泥表現

不同於「好惡」感覺 ← 這種情形可由意識來判斷

情結無法由意識來判斷

有時會阻礙理性言行舉止的發展，而讓感情擅自爆發開來

換句話說，「好惡」情感是自己的「意識」對事物的感覺所做的區別。但是屬於個人的「情結」卻無法對他人所提的：「你的腿並不粗呀，不用在意啦」、或「你為什麼這麼在意自己的腿粗呢？」等意見或疑問，回答出能夠讓對方接受的「理性說明」。因為情結是一種偏離理性的潛意識產物，所以有此情結的人並沒有任何能夠判斷自己腿粗的客觀依據，更說不出為什麼自己會對腿粗感到丟臉的具體理由。

　　在這種情況下，往往當事者最後會爆發類似「反正我就是討厭自己的腿！」這樣意氣用事的說辭，導致談論雙方無法繼續對話。

　　「情結」常常如此阻礙著當事者理性言行舉止的發展，即使「意識」想要做出正常的判斷，也會因此被打亂。例如：明知道朋友是為了自己好，還是忍不住對著因為關心自己而多問幾句的朋友發飆、或是明知道這是一個必須穿著比較正式裙裝出席的場合，卻因為在意腿粗的關係而穿長褲去等等。

　　榮格之所以會發現情結的存在，是他在伯戈爾茨利精神病醫院服務時，透過「字詞聯想測驗法」的治療中，發現到這種由潛意識創造出來的個人獨特的拘泥表現（情結），更因此了解到情結與心病之間有很大的關係。

情結會阻礙理性言行舉止的發展

　　情結是一個非常私人性的情感產物，因此情結會在當事者的潛意識裡萌芽、成形，完全與當事者的個人體驗以及人生有關。

　　不過情結並不容易被當事者察覺，畢竟情結的產生原因來自於當事者不願想起、不想知道、或是不想讓意識察覺到的辛酸體驗，因此當事者的內心世界經常會「踩煞車」來防止當事者自我察覺。

　　不過如果放任情結阻礙理性發展的話，就會讓當事者的人生蒙上一層陰影，甚至導致心病的發生，所以嚴重

的情結還是需要想辦法克服。

要如何克服情結呢？其實抹消情結的存在並非就是克服情結，因為情結的產生來自當事者的人生體驗，若是打從心底想要抹消情結，等於是否定當事者的整個人生，這絕對是錯誤的態度。

所以想要克服情結必須先察覺自己的情結所在，然後在意識當中接受它的存在。理解「我就是會拘泥於這種事情的人」這樣的事實，並且知道這也是沒有辦法的事，有時就要接受它、向它妥協；有時又要根據場合而有「我現在必須抑制個人情結」的清楚認知，用意志力來貫徹自己的理性判斷力。唯有如此巧妙地面對自己的情結，與它好好相處，才能創造出更有深度的人生。

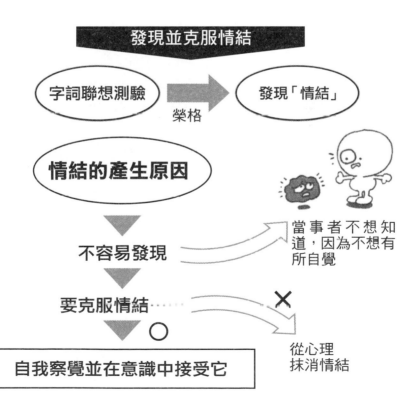

發現並克服情結

字詞聯想測驗　　榮格　　發現「情結」

情結的產生原因

不容易發現　　當事者不想知道，因為不想有所自覺

要克服情結……　×

自我察覺並在意識中接受它　　從心理抹消情結

從實例來分析情結

親子之間最容易產生的情結實例。

父母對子女所灌輸的情結

　　每個人都是在與他人或與社會的接觸中，累積出自己的人生經驗，並從而發展內心世界，所以「情結」也是在與他人的接觸中逐漸成形、發展。

　　由於情結是當事者在對他人的「人際關係」中，因為某些特殊原因而形成，並愈來愈強烈的一種個人厭惡情感。因此對小孩子而言，父母正是「接觸最多、最頻繁的他人」，所以小孩子很容易因為受到父母的影響，而造成心理有某種情結產生的情形。

　　不過每個人所形成的情結內容、以及該情結的產生過程、甚至是該情結對當事者所造成的影響（如何阻礙理性的發展）等等，都是不一樣的，因此很難歸納出一個公式，將情結分類為「父親對子女所灌輸的情結是這樣的」、「母親對子女所灌輸的情結是那樣的」，畢竟每個人的內心世界，都不像解答某一個公式般的單純。

　　基本上情結的產生來自於某種「壓抑」。「其實我很想這樣做的」像這樣原本存在於當事者內心裡的單純心情，被持續壓抑在實際的人際關係發展中，造成不滿愈來愈強烈，最後甚至迫使這種不滿在當事者的潛意識裡，脫離理性而發展成某種拘泥，因而形成了情結。

　　當事者的這種壓抑，大多來自孩童時代父母所表現出來的言行舉止，然而令人惋惜的是，通常父母都不曾察覺到自己便是孩子產生情結的來源。因此父母在與孩子相處時，總是不知不覺地將個人的價值觀貫注在孩子身上，即使這種價值觀正好與孩子本身的期望相反，或是自以為是的教育方針等等，在在都是造成孩子產生情結的原因。

戀父情結的粉領族

例如：有一個很能幹、對男性部下管教很嚴格的女強人，由於她非常有才能，針對部下的指摘、批評、斥責，也總是能深入重點，因此在工作上沒有人能夠反駁她。

但她對人的態度一點都不體貼，批評他人也從不手下留情，使得周遭的人都非常討厭她。至於她本人也很清楚周圍的人對她的看法，卻因此更加固執，使得自己的人際關係愈來愈差……。

這種劇情很像電視肥皂劇裡的一幕，然而像這樣的女性，很可能是因為有「戀父情結」的關係。

事實上這名女性的父親，是一個很有工作能力、又具權威感的優秀男人，因此父親是她從小就憧憬的對象，她也總是希望能夠得到父親的愛。由於她一心一意想博取父親的寵愛，為此她從小就非常努力用功讀書，在校成績始終名列前矛，她的父親也因此總是不吝誇獎她說：「妳

親子關係與情結

親

對於孩子而言，父母是接觸最多、最頻繁的對象，因此也容易成為引起孩子產生情結的來源。

父母對子女所抱持「希望孩子能這麼做」的想法，最容易造成孩子產生情結的原因。

情結

子

父母幾乎都不曾察覺到，自己正在迫使孩子產生情結。

真是個優秀的孩子」。

　　這樣的父女關係乍看之下似乎非常和睦又令人稱羨，但這正是她會產生情結的原因。

造成女兒負擔的稱讚行為

　　對於父親不斷稱讚女兒成績好的這個行為，若換成另一個角度來看的話，代表這個父親一直在灌輸她「成績不好的小孩，就不值得稱讚和愛護」的觀念，然而在她的內心深處裡應該是渴望父親能夠無條件地愛她，而非因為成績好才愛她，只可惜她的父親不曾以這樣的態度對待她。

　　在這種成長背景下，她的心理開始產生了「如果要獲得別人的愛，就必須夠優秀才行」的迷思，而且這樣狹隘的人生觀逐漸發展成形，導致她形成如此吹毛求疵的想法，認為：「每個人都應該像我和父親一樣，努力成為一個優秀的人，像這樣要求旁人做到也是應該的」。

　　由於她有這種情結，漸漸地她也無法原諒明明一點都不優秀，卻絲毫不在乎的人，而對這樣的人給予苛刻的批評。

陷入情結裡的惡性循環

　　事實上每個人都應該衡量自己的能力，不要過度勉強自己，才是實際又健康的生活方式。不過這個道理對於上述的那位女強人並不適用，因為她從小就拚命勉強自己努力爭取好成績，認為唯有如此才能得到父親的愛。

　　因此，她的情結就是對於不努力超越自我能力的人，會產生「絕對無法容忍這種情形存在」的強烈反感。她之所以會有這種情結的原因，也是來自於父親的影響，導致她的潛意識發展出這種拘泥情感，所以對於其他男性的要求自然更加強烈，不斷認為：「明明和父親一樣都是男人，竟然會差這麼多」。

　　但是她對於自己的這種「戀父情結」，始終認為是正確的，所以對於周遭愈是無法贊同自己想法的人，愈會產生反抗情緒，認為：「明明我的想法才是正確的，這些

人卻一點也不懂，真是愚蠢至極」，而造成她的人際關係愈來愈糟的惡性循環結果。

對她而言，要解除這樣的困境最重要的是，盡快面對自己的情結，並認知到這樣的人生觀其實是自己太過拘泥的偏差結果，一點也不正確；接著要認清，將這種拘泥想法強行加諸在他人身上，就理性判斷來看是不對的事。不過要能清楚理解這些道理，首先還是必須接受父親是導致自己產生這種情結的事實。

如果無法接受這個事實，那麼總有一天她的精神狀況與社會地位恐怕都會因此崩潰，因為情結這種由潛意識所產生的情感，就是一個引發心病的導火線。

戀父情結

父親

↓

情結
「必須夠優秀才行」
女兒

父親 工作能力很強、優秀的人

↓

女兒 希望得到父親的寵愛

↓

女兒 努力唸書，獲得優秀的成績

↓

父親 稱讚

↓

女兒 認為「要獲得別人的愛，就必須夠優秀」

↓

女兒 因此無法容忍一點也不優秀卻毫不在乎的人

佛洛伊德與榮格

一九〇〇年，一本集結佛洛伊德的研究成果的書——《夢的解析》出版，此時榮格還是一個二十五歲的青年，才剛開始成為伯戈爾茨利精神病醫院的助理醫生。

當時擔任伯戈爾茨利精神病醫院院長的歐根·布魯勒博士，是一名非常優秀的精神科醫師，他對佛洛伊德的研究賦予相當高的評價，榮格就是在上司兼恩師的布魯勒博士推薦下，開始接觸佛洛伊德的研究。

佛洛伊德是影響榮格的重要人物

榮格對於佛洛伊德透過夢境內容來探索人的潛意識的方法，大感讚佩與共鳴，因此在一九〇五年時，榮格將自己在「字詞聯想測驗法」上所得到的成果，出版《診斷的聯想研究》一書時，立刻將它呈獻給自己所尊敬的佛洛伊德。

佛洛伊德對於榮格這位新銳精神科醫師如此崇拜自己一事，也是大感欣喜。之後兩人不斷以書信方式來往，直到一九〇七年的首次相會，終於實現了雙方之間長久以來期待與對方見面的想法。

兩人第一次的見面是由榮格親自到維也納去拜訪佛洛伊德，當時榮格已經三十二歲了，佛洛伊德則為五十一歲。據說當天的拜訪，佛洛伊德與榮格光是就雙方的研究成果，就持續暢談了十三個小時而未曾停歇，對於那時也在場的兩位夫人，只怕受盡了困擾吧。不過值得慶幸的是，兩位夫人都是對丈夫盡心盡力、照顧得無微不至的寬容女性。

榮格對於這一次的會面大為感動，甚至公開坦承：「佛洛伊德是我這一生中所遇到的第一位重要人物」。

視榮格為接班人的佛洛伊德

不過這次會面所帶來的喜悅，恐怕對於佛洛伊德來說，遠比榮格所受到的感動更大、更熱切，因為佛洛伊德早就肯定榮格的才華，而能夠被自己所認可的優秀後輩所推崇、敬仰，甚至來訪，可說是一份無可言喻的至高喜悅。

加上當時佛洛伊德所提出的《性學三論》，並未受到精神醫學學會的正面評價，反而被視為異端言論，因此沒有多少人支持他。在這種情形下，榮格親自登門來拜訪他，自然讓佛洛伊德感到無限欣喜了。（譯注：《性學三論》主要是佛氏研究人類性慾的本質及其發展過程，說明本能衝動是一切人類行為、成就及精神疾病產生的根本原因，全書由性變態、兒童性慾、青春期的變化三部分組成。）

在這之後，佛洛伊德將榮格視為自己的衣缽傳人，並積極對外公開表示。或許對於佛洛伊德來說，早就有「不想放掉榮格這樣優秀人才」的強烈想法，因此才會透過這種公開表示的方式，讓榮格與自己之間的關係成為一個既定的事實。

佛洛伊德對待榮格的態度，很明顯地與對待其他門生或支持者不同，甚至在一九一○年時，他讓榮格擔任當時剛成立不久的「國際精神分析學會」第一任會長，還讓榮格擔任學會《年鑑》的總編輯，榮格因此成為精神分析學會裡的第二把交椅，更成為學會裡公認與自認的「王儲」。

佛洛伊德會如此優待榮格，其實還隱含著政治層面的意義，因為當時的民眾普遍對於精神分析學會存有一種「純為猶太人的主張而已」的偏見想法，就連佛洛伊德也是一個猶太人。因此佛洛伊德認為，只要讓當時已經具有國際知名度

且擁有亞利安人血統的「非猶太人」──榮格擔任領導者地位,就能夠打破長期以來的社會偏見。

至於榮格本人,究竟是如何看待佛洛伊德對自己的這般優遇呢?

濃烈父子之情卻反目成仇

一開始榮格很坦率地接受佛洛伊德對他的這種優遇,並盡心盡力侍奉佛洛伊德,很明顯地對佛洛伊德產生強烈的孺慕之情。

這種感情非常接近兒子對父親的崇敬情感。對於榮格而言,自己的親生父親一向優柔寡斷,始終讓榮格無法發自內心來尊敬他,而佛洛伊德就像是榮格眾裡尋他千百度,終於尋覓到的理想父親。

然而他們兩人之間的觀點其實差異非常大,對於佛洛伊德嘗試以《性學三論》說明人們內心世界裡的所有性慾一事,榮格始終認為不應該如此解釋,因而對佛洛伊德的理論抱持疑問,所以就榮格要成為佛洛伊德的衣缽傳人一事來說,其實一開始就注定會失敗了。榮格也漸漸體悟到自己或許應該離開佛洛伊德。

後來兩人之間開始因為意見不合而產生摩擦。榮格終於下定決心與佛洛伊德分道揚鑣,並在一九一二年時,將自己對佛洛伊德《性學三論》的反對主張,刊載於精神分析學會的會刊上,正式與佛洛伊德決裂。

佛洛伊德面對被自己視為繼承者的榮格公開批評,他所受到的打擊之大可想而知,因此他怒斥榮格是一個背叛者。

榮格經歷黑暗期找到自己的學術之路

榮格在兩年後也就是一九一四年，辭去了國際精神分析學會會長一職，並斷絕與外界的任何接觸，將自己孤獨地鎖在家中。因為與佛洛伊德之間的決裂，給榮格帶來了精神上的莫大打擊，這種打擊甚至大過社會對他的影響，讓他有「我這麼做真的沒錯嗎？應該是沒錯的！那麼今後我應該怎麼做才好？……」的不安感。這時候的榮格可說是遇到了人生中最大的瓶頸。

榮格這一段中年期的閉鎖生活，整整持續了五年，最後他終於找到了自己的心理學之路，從此才真正擺脫佛洛伊德而完全獨立，並走出這段黑暗期。而榮格最初所提出來的理論，就是一九二一年所出版的《心理類型》。

至於佛洛伊德，據說他後來非常懊悔榮格離他而去的這件事。

第 **3** 章

榮格心理學的核心──「原型」究竟為何？

「原型」是決定人類行為的重要因素

成為榮格心理學核心的原型為何？

原型是古今中外全人類共通的特質，深深影響神話的成立。

榮格心理學無法與原型切割開來

榮格心理學又被稱為「原型心理學」，雖然這個名稱並非榮格自己所賦予的，不過「原型」這個概念，正是榮格心理學的核心也是最大的特徵。然而，原型究竟是什麼？

在此岔題一下，人類天生就很好戰，喜歡互相競爭吧。自古以來，人類之間的紛爭始終不曾間斷，其中一個理由，或許可以說是因為人類「好戰」的緣故，就連許多體育競賽也都是互相對戰的內容，所以人們才會這麼熱中體育活動。世界杯足球賽會讓所有人這麼瘋狂，也是因為那是賭上國家威信的一場「戰爭」的緣故。

為何人類會如此好戰？答案其實很簡單，因為這是人類的「本能」。讓人們早已超越理性的理由與得失的判斷，只是單純想著：「我就是要這麼做」，或許真的只能解釋說，人類從一開始就是被如此設定的動物。「本能」這種東西說穿了，就是決定人類行為的一種基本程式。正因為存在著這種基本程式，所以人們才會採取諸如戰爭的行為，而這就是本能。

母親印象所代表的意義

榮格發現，就如人的行為是由人的本能所決定的一般，人的內心世界裡的「感受方式」，也是由某種基礎決定的。

例如人們都會對於生育自己的母親，抱持著想讓她擁抱入懷、依靠她的情感，或是認為所謂的母親，就是能夠包容一切、值得依靠的存在。正因為人們對於母親都抱持這種印象，所以才會有「地球這個母親」以及「大地這個母親」等形容文字出現，因為不論是地球還是大地，都

是象徵孕育並包容生命的存在。

　　奇妙的是，為何人們對於母親的存在，都會擁有這種感覺和看法，而且沒有一個人例外呢？

　　其實，這是因為人們的內心世界裡存在著，所謂的母親本來就應該是這個樣子的想法。換句話說，認為母親等於能夠包容萬物存在的這個程式，一開始就已經深植人心了。而這個存在就是原型。

　　我們可以說，本能決定了人們行為的基礎，同時也是人們一生下來就擁有的程式。同樣地，原型就是決定人們感受事物方式的基礎，也是一開始就存在於人們內心深處裡的東西。

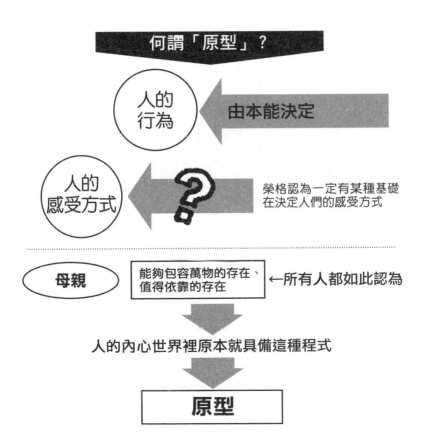

何謂「原型」？

人的行為　←　由本能決定

人的感受方式　←　?　榮格認為一定有某種基礎在決定人們的感受方式

母親　能夠包容萬物的存在、值得依靠的存在　←所有人都如此認為

人的內心世界裡原本就具備這種程式

原型

原型是人類共通的特質

榮格發現這種原型可分為好幾類，不但是全人類共通的特質，而且潛藏在所有人的內心深處。榮格同時也發現，這些潛藏在人們心中的原型，隨時會對個人的意識造成非常大的影響。

由於原型是一種古今中外全人類所共有的特質，因此受到原型影響而發展出來的東西，同樣會顯現出相同的型態來。例如：日本繩文時代，有一種造型較圓潤且下半身較有分量的泥偶，只要看到這種充滿幽默感的泥偶，就會讓人感到一陣溫馨和安心。

事實上，在外國所挖掘出來的石器時代的古物當中，同樣有類似日本的這種泥偶存在。這些泥偶的造型會如此相似，或許就是因為人類共通的「母親原型」，影響了古代人的內心世界，而讓他們做出相去不遠的造型。

因此這兩個不同地方所出土的泥偶，才會讓人感覺非常相似。此時若再進一步說明，這些土偶都是表現出「母親給人的印象」時，說不定大家會有：「原來如此，確實是有這種感覺……」的感觸吧。

另外，像是神話也受到原型很大的影響。雖然在全世界各地都有不同的神話，但是絕大多數的內容都有一個相同的大架構，所以不論是誰接觸到神話時，總能感受到相同的趣味性和認同。

因為這些神話的基礎都是受到原型的影響，不論是創造神話的古代人、還是聽著這些神話故事的現代人，因為同樣身為人類，所以我們的內心世界裡都潛藏著相同的原型。

原型與集體潛意識的關係為何

你是否注意到，所謂原型其實是支撐著集體潛意識存在的東西。雖然原型分為很多種，但都是集體潛意識的一個「組成零件」。簡單來說，集體潛意識就是各種原型的集合體（順帶一提，個人潛意識的組成零件就是情結）。

　　不過雖說原型是集體潛意識的組成零件，但原型本身並沒有任何具體的型態，因為原型是意識本身所無法實際感受到的一種存在。原型必須透過某種「比喻的型態」，才能讓意識感受到它的存在；換句話說，意識都是透過「比喻的型態」，來察覺原型的存在。

　　以剛剛所提的泥偶為例，這些泥偶並非就是「母親原型」，而是為了讓人們感受到母親原型存在的一種代表物，也就是一種比喻的型態。這兩者之間的不同，非常容易混淆，就連當年榮格針對原型發表他的理論時，也常常被人搞混。

　　這種「比喻的型態」，常常會以擬人化的方式表現出來。例如做夢時，原型常會假借夢境中的某個登場人物來表達它的存在。不過並非所有的原型都是用此方式來表達它的存在。

日本的泥偶與外國的泥偶

日本的人型泥偶

外國的女神泥偶

種類眾多的原型

原型並非只有一種，而是有大母神、陰影等各種類別。

原型有時會呈現反向作用

原型是一種人類對於萬物的共通感受方式，並潛藏在人的內心深處裡。

在科幻漫畫中常出現這樣的劇情，外星人看著地球並且讚嘆説：「這真是一個美麗的星球」。但仔細想一想，就會發現「地球」等於「美麗的星球」這樣的形象其實是產生自地球人的原型。換句話説，科幻漫畫中所創作出的外星人角色，其內心深處存在著與地球人相同的原型，才會説出這樣的台詞。

這雖然是一個題外話，不過依據榮格長年研究的結果，原型不但存在於人的心靈裡，而且在各個層面上都深深影響著個人的意識。

但這種影響並非都是正面，因為原型具有強大的力量，而且單獨存在於個人的意識之外，因此給予意識的影響過於激烈的情形也不少。

基本上原型並不會在乎它對於個人意識的驅動會造成正面還是負面的影響，因此一旦原型失控，就會造成當事者的內心世界失去平衡，最後導致心病的發生。

了解各種原型

榮格針對原型的種類做了整理，其中最重要的原型，包括：「母親原型」的「大母神」、「父親原型」的「智慧老人」、以及「陰影」、「阿尼瑪與阿尼姆斯」……等等。

大母神是人類對於「創造生命之物」、「滿懷慈祥之物」、「包容萬物之物」所存在的印象，而主動讓意識察覺到的原型。因此不論是誰，都會對於孕育農作物並賦予農作物生命的大地感到溫暖，並抱有一份感謝的心情，

這就是意識中存在著大母神的影響。

　　不僅如此，小孩子的心靈裡，也因為受到大母神的影響，打從一出生就已經被灌輸了所謂「母親」就是這種形象的觀念，因此不論什麼樣的小孩，都會渴望得到親生母親的慈愛與包容，並對母親有所依賴和撒嬌。

　　事實上這種情形並不僅限於小孩子，在成人的世界裡，有些人很擅長與年長的女性來往，並受到年長女性的疼愛，這是因為在這種人心裡的大母神原型對意識發揮了作用的緣故。

　　不過大母神同時也有占有小孩、束縛小孩，甚至是將自己小孩吞沒的陰暗面，所以有時可能變成某種破壞性的印象，驅使意識有所行動。

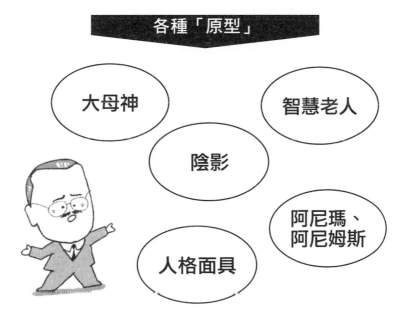

各種「原型」

大母神

智慧老人

陰影

阿尼瑪、阿尼姆斯

人格面具

例如：有些小孩會對於過分保護自己的母親，表現出強烈的反抗態度，這是因為存在於小孩子內心深處裡的大母神向小孩的意識竊竊私語：「母親想將我據為所有，並束縛我一輩子」，所以才會造成小孩的意識裡，產生了超出必要範圍的反抗心理。

「智慧老人」是哪一種原型

另一方面，父親原型的「智慧老人」，代表的是並非無條件的慈愛與包容，而是以公平且嚴肅的態度對待小孩，若小孩犯錯就會採取嚴厲懲罰的一種存在，所以也是一個能導引自己走向正確的道路，代表「偉大」存在的原型。

事實上在每個人的內心裡，都對這種存在充滿了憧憬與希望，並將它與理想中的父親印象重疊一起。

這種原型若透過「比喻人物」出現在夢境裡時，常會化身為年長的男性魔法師等。在許多神話或童話故事裡，不就有很多這種人物出現嗎？榮格將這一種原型的代表，取名為「智慧老人」。

榮格在遇到人生瓶頸而陷入非常苦惱的中年時期裡，曾經體驗過存在自己心中的智慧老人，以一個長者的姿態出現在自己眼前的經驗。

榮格稱呼那位老人為「費爾蒙」，並在事後描述了當時的景象：「我和費爾蒙兩人走在庭院裡，他教導了我許多道理」。

當然這位所謂的費爾蒙並不是真的以實際形體出現在榮格面前，而是榮格對於費爾蒙的存在有著強烈的感覺，因此在他內心裡的智慧老人對他的意識發揮作用，才讓他感受到實際上有見到這位老人的緣故。

費爾蒙的出現，是為了導正當時正在犯錯的榮格。據說費爾蒙是一邊在庭院裡散步，一邊對榮格所思考出來的理論和思想提出了，「這些東西並非你所創造出來的，而是一開始就存在於這個世界」的言論，使榮格恍然大悟。

正因為費爾蒙提出如此尖銳的批評，讓榮格更加確信自己所整理出來的心理學理論，並非是自己空想之下所假造出來的理論，而是真實的道理，榮格為此得到了自信並且感到放心。

榮格的這項體驗，可說是原型對意識發揮了作用，使得榮格的人生獲得非常正面影響的良好例子。所以說，原型可以發揮作用帶給人生正面的影響，不過相對地，原型的作用也會發生造成負面影響的情形。

大母神與智慧老人

大母神

- 慈祥之物、包容萬物之物等存在的印象
- 同時也有占有小孩、束縛小孩等破壞性印象
- 受到過分保護的小孩會反抗母親→小孩內心裡的大母神告訴小孩：「她想束縛你」之故

智慧老人

- 公平的存在，若犯了錯就會被他懲罰
- 與理想中的父親印象重疊
- 費爾蒙→出現在榮格面前的智慧老人，教導榮格許多道理

「阿尼瑪」與「阿尼姆斯」又是哪一種原型？

「阿尼瑪」是指男性擁有女性特質的內心世界、「阿尼姆斯」則指女性擁有男性特質的內心世界之意。

男性與女性各自擁有的原型

　　榮格所發現的「原型」可分為數種，而在這些原型種類當中，後來引發人們最多爭議及反駁的，是被稱為「阿尼瑪」與「阿尼姆斯」的原型。不過本書在此不討論反對的意見內容，只針對榮格的理論做說明。

　　原型是一種人類對事物的共通感受方式，因此不論是誰，照理說應該都擁有相同的原型，不過其中仍有例外，那就是唯有男性才有的原型，以及唯有女性才有的原型。

　　先前已經說明過無數次，潛意識是補足意識不足的另一個存在，換句話說「意識加上潛意識」才等於一個人的完整內心世界。而人類又分為男性與女性兩種，就生物學上來說，男性並非女性、女性也不是男性，雖然這是再自然不過的道理，但在探討人的內心世界時，卻無法如此清楚地劃分男、女兩性，因為要構成一個完整的人類內心世界，必須讓男性的內心世界加上女性的內心世界才行。

　　然而男性擁有的畢竟是「男性的意識」，為了補足這種單一性別意識的不足，男性的潛意識之中還隱藏著「女性的內心世界」。同樣地，女性擁有的也只有「女性的意識」，因此為了補足這單一性別意識的不足，在女性的潛意識之中也隱藏著「男性的內心世界」。

　　這種男性所擁有的女性內心世界就稱為「阿尼瑪」，而女性所擁有的男性內心世界就稱為「阿尼姆斯」。

出現在夢中的阿尼瑪、阿尼姆斯

阿尼瑪、阿尼姆斯這兩個原型，通常會以原本的性別姿態出現在夢中，例如：阿尼瑪會以美麗溫柔的女性姿態出現夢裡、阿尼姆斯則以強健且英姿煥發的男性姿態出現。不過這兩個原型並不見得每次都會以擬人化的方式出現，有時也會以別的姿態顯現夢中。

例如：阿尼瑪有時會以貓的型態出現，有時又化身為水或船、或是洞窟的型態出現夢裡。至於阿尼姆斯，則會以鷲或獅子的型態出現，或是在夢中化身為一把劍。除此之外，也有可能以其他的型態出現。

不論哪一個男性，都會有類似「女性就是這樣的人類」或是「女性都希望別人這麼做」等共通的女性印象。同樣地，所有女性也都對男性有共通的男性印象。阿尼瑪和阿尼姆斯就是顯示一般男性特質及一般女性特質的原型。

因此，對於這兩種原型而言，每個人所各自擁有的不同人格、性格等，基本上並沒有什麼關聯。

例如：一個容易掉眼淚的男性，常常就會被批評為：「動不動就哭，一點都不像男人」，這是因為一般人都存有「容易落淚＝女性特質」這種由阿尼瑪所引導出的共通印象的緣故。但如果從另一個方向來思考的話，容易掉眼淚的男性也可能是屬於感受性較強、比較能夠體會他

阿尼瑪與阿尼姆斯

阿尼瑪
- 男性中的陰柔面
- 夢→美麗溫柔的女性姿態：貓、水、船、洞窟
- 「感性、慈悲、纖細、重視具體性……」

阿尼姆斯
- 女性中的陽剛面
- 夢→英勇的男性姿態：鷲、獅子、劍
- 「理性、公正、大膽、著重抽象思考……」

人不幸的人，如此一來，反而代表這樣的男性擁有較高尚的人格。

另外，自古以來比較活潑的女性，也常會被批評為：「明明是女孩子，卻一點也不文靜」，而被周遭的人怒斥，事實上這也是因為一般人都有「活潑＝男性特質」這種由阿尼姆斯所製造出的一般性印象所致。

其實不論是男性還是女性，如果擁有活潑的一面，都可以算是一項優點，完全沒有必要因為對象是女性，就採取否定的態度。

阿尼瑪與阿尼姆斯的特質

每個人在幻想理想中的異性時，都會受到阿尼瑪、阿尼姆斯這種原型的影響，並將這種影響與個人的潛意識做結合，而產生各自心目中的理想圖。那麼關於阿尼瑪與阿尼姆斯所顯示的特質各有何特色呢？

阿尼瑪可以假借感性、慈悲、纖細、重視具體性、平穩、美麗、靈性……等言詞來表達。

能夠在一旁溫柔守護男人的女人，即是阿尼瑪所創造出來的女性印象，而擁有讓男人發狂、徹底毀滅男人的魔性魅力的女人，也是阿尼瑪讓人感受到的另一種女性印象。像這類型女性特質的根本，簡單地說就叫做「Eros」（譯注：Eros為希臘神話中的愛神），也就是「愛」。

另一方面，能夠代表阿尼姆斯的就是理性、公正、大膽、著重抽象思考、活潑、現實、合理……等關鍵語詞。

為了實現物質上的發展，而在社會上充滿活力地努力工作，並追求萬事萬物都要黑白分明，像這種男性特質的根本就稱為「Logos」（譯注：Logos為希臘文，智慧之語），也就是「理法」。

男性夢中的阿尼瑪只有一位女性

有趣的是，當男性在夢中看見阿尼瑪所化身的「女性代表」時，常常都是只有一位女性而已。

不論是美術界或文學界，男性畫家或作家也常常會

不斷重複創作出同一位女性的人物像。例如：西洋繪畫中
常出現的「聖母馬利亞像」，就是一個典型的例子。許多
畫家在其一生中，會畫出多幅的馬利亞像，雖然每次所畫
的表情基本上都是一樣的，他們卻一點也不覺得膩。看樣
子這些畫家心中的阿尼瑪所創造出來的女性印象，始終都
沒有改變過。

　　相反地，女性在夢中所看見的阿尼姆斯化身，卻能
因為時日的不同，而有各種不同的男性姿態。換句話説，
女性的阿尼姆斯提供了女性意識許多不同的男性印象。

　　關於這一點，榮格似乎也無法釋懷，因為他曾説
過：「對於女性的阿尼姆斯，我從來沒有看過任何明確的
報告案例」，言談之中充滿了他對於這種結果的不滿。

阿尼瑪所創造出來的女性印象

這簡直是
奇蹟!!

男性在夢中看見阿尼瑪所化身的「女性代表」時，
常常都是只有一位女性而已。

內心的異性特質失控的悲劇

內心的阿尼瑪、阿尼姆斯一旦失控，恐將影響整個人格與人生。

不斷尋求母愛的男性

想當然爾，男性最先接觸到的女性就是母親。男性從幼兒時期開始，便透過母親來確認他心中對女性的印象，了解到「女性就是這樣的人」。所以可以說，母親就是男性內心世界裡「阿尼瑪」萌芽的根源所在。

在這個世界上，常常可以看到不論年齡如何增長，總是不斷在更換女友的男性，這種類型的男性，多半都是因為年幼時期所萌芽的阿尼瑪（母親的印象），在成長的過程中始終沒有改變的緣故。

不論是阿尼瑪還是阿尼姆斯，基本上都會隨著人的成長而有所改變（關於此點之後再詳加探討），但是前述這種男性的阿尼瑪，始終深受母親印象的影響，因此這種男性會不自覺地在周遭女性的身上尋求「如母親般的愛」，並不斷地想對她們撒嬌。

只是現實生活裡除了母親之外，鮮少有女性能夠真正做到「替代母親」角色的地步，因此這一類的男性，始終無法從交往的女性身上得到精神上的滿足，而不斷重複著交往與分手的過程，徘徊在追求理想女性的世界裡。

另外還有一種男性會不斷強調自己多有男人氣概，這種類型的男性，同樣也會被自己的阿尼瑪所綑綁，進而影響人生。

這種類型的男性簡單來說，就是有意識地想要強烈發揮自己的男子氣概。這種男人總是積極地工作，對自己與他人都非常嚴格，一點也不容許隨便，對女性則是採取輕蔑的態度，甚至認為「既然是個男人，就不要拖泥帶水！」或是「女人家有什麼好高談闊論的！」強烈表現出性別歧視的態度。

　　這種態度就是因為過分拘泥於意識裡的男性特質，而極力否定自己內心世界的阿尼瑪並刻意壓抑的結果。不過所謂物極必反，在這種情形下，總有一天內心世界的阿尼瑪會強烈地驅動意識採取行動以求補足，也就是阿尼瑪的「反擊」。

**一旦被
阿尼瑪
左右時**
　　當男性被阿尼瑪所左右時，會突然變得對自己每天辛勤工作的行為感到空虛，且為了填補這個空虛，開始漫無目的地追求女性。

　　其實人不管到了幾歲，都還是會對異性感到心動，並且在戀愛中感受到一股生命力，所以男性不管到了幾歲還是會想追求女性，這是很自然的事情。只是上述這種男性的極端表現，是因為他內心的阿尼瑪反擊所導致的，因此這種男性無法達到相對年齡所該有的理性控制，最後變成一個缺乏人品的人，不但對周遭的人帶來困擾，甚至很

阿尼瑪的失控

不斷強調男子氣概的男性

「既然是個男人，就不要拖泥帶水！」
「女人家有什麼好高談闊論的！」

否定　反擊

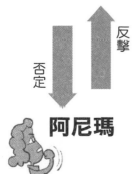

阿尼瑪

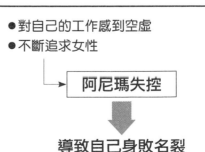

- 對自己的工作感到空虛
- 不斷追求女性

阿尼瑪失控

導致自己身敗名裂

可能讓自己身敗名裂。另外，這種男性還會突然變得脆弱易哭、情緒化，而這種娘娘腔的態度也是因為自己內心的阿尼瑪作祟所致。

被阿尼姆斯吞沒意識的女性

相對地也有一些女性會被自己失控的阿尼姆斯所左右，導致人生發生問題。在女性當中就有些人不輸給男性，工作起來非常有效率，但處事不圓融，對人也非常嚴厲、頑固又傲慢。這是因為她們內心裡的阿尼姆斯不斷驅動意識採取行動，把女性原本該有的特質轉變為「男性化」的緣故。

這種情形是因為阿尼姆斯的驅動過於強烈，造成自己的意識被阿尼姆斯吞沒，再也無法發揮意識原本該有的功能來控制阿尼姆斯的緣故。由於阿尼姆斯來自於潛意識，理性在這個時候也無法發揮作用。

被阿尼姆斯吞沒意識的女性，會將對他人的體諒、對夥伴的關懷等這種生活中應有的理性判斷，完全棄置一旁，也讓自己在無形中被周圍的人排斥，最後陷入孤獨。

另外還有一種女性會對自己的情人、丈夫或兒子，抱持著必須是一流大學畢業、或必須是高收入等一般通俗價值觀的要求，像這種類型的女性也是深陷於阿尼姆斯的陷阱中。

會拘泥於畢業的學校、收入的多寡、社會地位等條件的想法，基本上是男性化的思考模式；也就是一種以得失或地位等肉眼實際可見的比較，來判斷事物的態度。若以女性的眼光來看，反而能夠涵蓋到事物背後所蘊藏的美麗價值、或是愛情價值等，所以如果發生了這種偏向表面價值判斷的情形，是因為受到阿尼姆斯的強烈影響，而拋棄了女性原本該有的弘遠眼光。

一旦阿尼姆斯持續失控時

這一類女性的阿尼姆斯如果持續失控下去的話，會連唯有女性才有的價值觀都被遺忘掉，也就是最後將會失

去「身為女性的自豪」。

　　例如她們會開始認為：「反正説穿了我不過就是一個女人」，而漸漸對自己身為女性一事感到自卑，最後甚至有「反正女人就是沒用」的想法，而不斷重複這一類膚淺的批判。（聰明的女性會有「女人果然不行」的想法時，通常是在自我反省而非批判，這也是正確掌控自己心中阿尼姆斯的一種表現。）

　　另外，還有一種阿尼姆斯過度失控的女性，會毫無根據就不假思索地認定：「我絕不會像社會上這些沒用的女人一樣」。讓自己成為一個沒有理由就倔強的女性而已。這一類的女性很明顯地無法得到身為女人所該有的幸福。

　　阿尼瑪及阿尼姆斯，是構成一個人所應有的完整內心世界的重要要素之一，就如同其他原型一般，都是支撐著集體潛意識的重要組成零件。只是這個組成零件一旦變成強烈威脅意識的存在時，反而會阻撓理性的發展。

阿尼姆斯的失控

工作非常有效率，但態度卻非常頑固與傲慢的女性

否定

反擊

阿尼姆斯

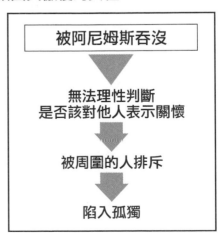

被阿尼姆斯吞沒

↓

無法理性判斷是否該對他人表示關懷

↓

被周圍的人排斥

↓

陷入孤獨

「阿尼瑪」呈現四階段變化

「阿尼瑪」從第一階段發展至第四階段時，就能成就完整的內心世界。

第 一 階 段：生物學上的阿尼瑪

榮格在治療患有心病的許多男性病患過程中，發現了「阿尼瑪」這種原型的發展，共分為四個階段。

男性透過與母親的接觸，會受到自己內部的阿尼瑪很深的影響，換句話説，就是阿尼瑪在潛意識裡開始萌芽的階段。之後在成長的過程當中，透過認識母親以外的女性，男性開始脱離母親，並接受所謂女性的這種異性存在，此時阿尼瑪開始在潛意識中慢慢刻劃出明確的形體，並逐漸往四個階段發展。

第一階段的阿尼瑪是「生物學上的阿尼瑪」。也就是説，男性開始在潛意識中追求生物分類上的另一個性別——女性（能夠生小孩的一個存在）。此時的阿尼瑪並非顯示女性的精神而是女性的肉體。

説得更坦白一點，這個階段的阿尼瑪對於男性而言，顯現出：「只要能夠滿足肉慾，什麼類型都可以的女人」，所謂「娼婦型的女性」就是此類阿尼瑪的代表形象。這種阿尼瑪常常會在夢中以誘惑男性的女性形象出現，當然不會在乎女性的本質為何。

在現今的日本社會裡，成人寫真集會如此氾濫，或許是這個階段的阿尼瑪蔓延在整個社會精神層面的緣故吧。若仔細觀察就會發現，除了少數例子之外，這些成人寫真集根本一點都不在乎該名女星的真實本質為何。

第 二 階 段：羅曼蒂克的阿尼瑪

第二階段的阿尼瑪是「羅曼蒂克的阿尼瑪」，所顯示的是做為自己的另一個夥伴，也就是男性所追求的女性，換句話説，此時的阿尼瑪開始認同女性的本質，並從中產生戀愛的情感。

　　這個階段的阿尼瑪常常會在夢中以清純又善良的女性姿態出現，例如古老童話故事中的公主。而這種阿尼瑪的代表女性，始終都是男性心目中的偶像，不論是古老西洋騎士世界裡出現的公主，還是現代年輕人所熱中的電玩遊戲裡的女主角，基本上都屬於這類型的人物。

　　如果站在現代女性的觀點來看，會覺得這些不過是男性們擅加想像的女性形象罷了，不過阿尼瑪畢竟是屬於男性的一種潛意識印象，所以會和現實的女性形象有所差距。

第 三 階 段：靈性 的阿尼瑪　　第三階段的阿尼瑪是「靈性的阿尼瑪」。一言以蔽之，就是神聖女性形象的阿尼瑪。提供給男性的是一種不求回報的愛、無限的慈愛、能夠救贖萬事萬物的女性代表

阿尼瑪的四個階段

① **生物學上的阿尼瑪**
⇒顯示的並非是女性的精神，而是肉體。

② **羅曼蒂克的阿尼瑪**
⇒接受女性的本質，開始產生戀愛情感。

③ **靈性的阿尼瑪**
⇒顯示的是神聖的女性形象。

④ **知性的阿尼瑪**
⇒顯示的是超越凡人到達神之境界的女性形象。

形象。

這種阿尼瑪的代表形象可說是「最完美的女性」，同時具有少女的清純與母親的包容，相對地也將她足以誘惑男性的成熟肉體意義排除在外。基督教的聖母馬利亞，長久以來就是透過這種阿尼瑪形象，得到廣大群眾的信仰與支持。

另外，像是為了救贖所有印度人而奉獻一生，並獲得諾貝爾和平獎的天主教德蕾莎修女（一九一〇～一九九七），就是一位擁有肉身之軀的真實女性，卻也同時貫徹了這種「靈性阿尼瑪」的代表人物。以這個觀點來看，她的生涯可說是人類史上的奇蹟。二〇〇三年時，羅馬天主教教宗若望‧保祿二世將她列為「真福者（成為聖者的前一階段）」，或許就連教宗也認可了這個奇蹟吧。（譯註：天主教的列聖程序可分三階段。當聖善的候選人經初步審核通過即成為「可敬者」；之後若人們向可敬者代禱而發生奇蹟時，就被列為「真福者」；之後若再有奇蹟顯示是由這位真福者代禱而來時，則進階為「聖者」。）

**第 四 階
段：知性
的阿尼瑪**

最後階段的阿尼瑪是「知性的阿尼瑪」，雖然還是代表女性形象的阿尼瑪，但早已超越一般人的水準，是一個能夠包容所有男女老幼、並將他們帶領至正途的睿智女性形象。

不過這種阿尼瑪終究是男性所擁有的女性化原型，所以仍舊具備了溫柔與美麗的女性要素在內，但是與極端溺愛小孩的母親、或是渴求男性保護的柔弱少女這樣的女性形象無關，而是一種能夠讓人感受到她的高尚、堅強、神祕、偉大、與深度知性的女性形象。

對我們來說，這個階段的阿尼瑪最容易聯想到的，就是佛教藝術裡經常出現的觀世音菩薩。祂的美麗很明顯是屬於女性的美，但從祂的身上卻完全感覺不到人類的氣息。

　　在每個男性的潛意識世界裡，潛藏著這四個階段中的某一個阿尼瑪，又因為意識會受到潛意識裡的阿尼瑪影響，因此男性們總是想從現實世界當中尋求自己所渴望的女性。

　　榮格認為，透過阿尼瑪從第一個階段循序發展至第四個階段的過程，能夠找到成就人類完整內心世界的道路，只是對一個男性來說，這並非容易尋獲的道路。因為男性必須面對自己的阿尼瑪並理解它，而在這之前，男性更必須接受自己潛意識裡的女性傾向（即身為男性並不想承認自己的軟弱部分）才行。

　　例如對於戀愛一事感到驚惶失措時，能夠接受「驚惶失措的自己」，唯有如此，自己的阿尼瑪才能再往上一個階段發展。所以人們常說：「談戀愛能讓人更加成長」，果然是一針見血的道理。

阿尼瑪與完整內心世界

通往成就人類完整內心世界的道路

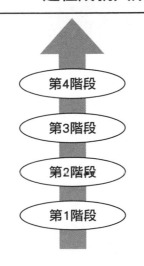

第4階段

第3階段

第2階段

第1階段

這並非容易尋獲的道路。

必須面對自己的阿尼瑪，並理解它。

必須接受身為男性並不想承認自己的軟弱部分。

「阿尼姆斯」亦呈現四階段變化

雖然「阿尼姆斯」也有四個階段，但要接受自己的阿尼姆斯並非易事。

第 一 階 段：力量 的阿尼姆 斯

如同阿尼瑪擁有四個階段一般，阿尼姆斯同樣也有四個階段。不過說明這阿尼姆斯四個階段的並非榮格，而是榮格的妻子，也是同為榮格心理學派的心理學家艾瑪·榮格（關於艾瑪，請見第218頁的介紹）。

依據艾瑪的理論，阿尼姆斯會依序發展為「力量、行為、言語、意義」等四個階段。

第一個階段是「力量的阿尼姆斯」，顯示出男性健美體魄的印象。這種阿尼姆斯常會藉著運動選手或漫畫中的英雄姿態顯示，而這種男性形象並不會去探討為何鍛鍊身體這種精神層面的原因，只是一味追求強壯有力的體格而已。

第 二 階 段：行為 的阿尼姆 斯

第二階段是「行為的阿尼姆斯」，顯示出勇敢採取行動的男性形象。

這個階段的阿尼姆斯，雖然也表現出強而有力的男性印象，但是重點在於促使擁有強壯體魄的身軀開始採取行動，為此必須擁有堅強的意志和目的意識。換句話說，發展至這個階段時，阿尼姆斯所代表的形象已經具有精神性了。

第 三 階 段：言語 的阿尼姆 斯

第三階段是「言語的阿尼姆斯」，是指超越體格的追求而跨入注重邏輯性和合理性的阿尼姆斯。

邏輯性與合理性是阿尼姆斯的重要要素，這個階段的阿尼姆斯會完全展現出這樣的特性。換句話說，此階段的阿尼姆斯會針對事物的存在方式，追求正確的理解力、並進而說明該事物的能力。

　　簡而言之，以清楚的邏輯分析事物這樣的態度，就是根據這個阿尼姆斯而來的，例如透過演說以吸引他人的意見領袖，像這樣的男性就是此階段阿尼姆斯的代表形象。

第四階段：意義的阿尼姆斯

　　第四階段為「意義的阿尼姆斯」，是指不單純只說明事物的內容，還能顯示該事物所蘊含意義的阿尼姆斯。

　　這個階段的阿尼姆斯能夠賦予事物意義和價值，以顯示人生的意義與世界的美好。相對於言語的阿尼姆斯所顯示「這個東西就是這樣」的形容，意義的阿尼姆斯更能顯示出「這個東西指的就是這種意思」。它所代表的是溫和穩重的男性形象，不再只是假借力量去強硬引導別人，而是能夠給予他人精神上的喜悅與滿足、令人稱羨的男性形象。

阿尼姆斯的四個階段

① **力量的阿尼姆斯**
⇒顯示強壯的男性體格印象的阿尼姆斯。

② **行為的阿尼姆斯**
⇒代表勇敢採取行動的男性形象。

③ **言語的阿尼姆斯**
⇒顯示超越體格的追求，而跨入注重邏輯性和合理性的阿尼姆斯。

④ **意義的阿尼姆斯**
⇒不單純只說明事物內容，而能表現該事物所蘊含意義的阿尼姆斯。

言語的阿尼姆斯與意義的阿尼姆斯，兩者所代表的正是「理法」的原型。在現今的文明社會裡，能夠強烈驅動女性自覺意識的，應該就是這兩種阿尼姆斯了。

接受阿尼姆斯不是輕鬆的事

不過若是阿尼姆斯過分影響意識時，會讓正常的女性變成一個固執又頑強的女性，關於這一點，先前已經詳細說明過了（見第138頁）。

由於阿尼瑪和阿尼姆斯，都是人類為了補足「原本自己性向裡的內心世界」所不足之處的原型，因此每個人都必須勇敢面對這些阿尼瑪或阿尼姆斯，並進而接受它們，唯有如此才能往前踏進一步，成就人類的完整內心世界。

但是要女性接受自己內心裡的阿尼姆斯（譯注：即女性內心裡的男性性格），某種意義上來說，恐怕比要男性接受自己內心裡的阿尼瑪（譯注：即男性內心裡的女性性格）更來得困難。

因為一個完全沒有發現內心所存在的阿尼姆斯，只是單純依循自己的女性意識生活的女性，就男性的眼光來看，容易塑造成配合自己阿尼瑪所需的女性，換句話說，是一個能輕易駕馭的合適對象，因此這種女性容易受到男性的寵愛。

但若是一個接受自己的阿尼姆斯，而對內心成長有所自覺，進而走向自立之路的女性，男性又會如何看待她呢？對男性而言，這樣的女性是一個與自己地位平等、甚至更高的人，因此很難輕易地受到男性的寵愛。

人類的文明尚處於「父權社會」的階段，因此女性若想自立生存在這個社會上，遠比男性來得辛苦，勢必會遭遇到許多不公平的待遇。在這種情形下，成為一個容易得到男性寵愛的女性，要比成為一個獨立的女性來得輕鬆多了。

即使如此，若能將成就人的完整的內心世界列為所追求目標的話，這樣的人生會更有深遠的意義。

女性接受自己的阿尼姆斯是辛苦之路

接受自己阿尼姆斯的女性。

→ 變成一個與男性地位平等、甚至更高的存在。

變成一個讓男性無法輕易寵愛的女性。

在父權社會裡，能夠輕易獲得男性寵愛的女性會過得比較輕鬆。

不過……

追求成就人的完整內心世界，才能讓人生擁有更深層的意義。

人都是戴著「面具」生存在世上

人都有必須完成自己的任務、以及期待他人完成其任務的想法。

群體中的每個人都各自肩負責任

　　人是生活在群體中的動物，因此每個人在其中都肩負著各自的任務，並與其他人一起支撐著這個群體。

　　有的人會位居領導地位、有的人會負責行政工作、也有人會率先行動、當然也有人為了讓群體更加和諧，而負責製造快樂的氣氛，正因為每個人做到自己所應擔負的責任，群體生活才能夠運作順暢。不論是私人小群體或是公司、甚至是大如國家的群體，在其中生活的每個人都各自肩負著自己所需擔負的責任。

　　每個人都有必須完成自己的任務、以及期待他人所應該完成任務的想法，而大家之所以會有這種想法，代表了這也是原型的一種。榮格將這種原型稱為「人格面具」，不過每個人的人格面具，都與自己的個人潛意識或意識直接相關，所以會明顯地呈現在外在的現實世界裡，而非靜靜地沉睡在內心深處。

　　「人格面具」原本是指演員為演戲所戴的假面具，因此榮格將「群體中的角色扮演」比喻為「面對群體時所戴的假面具」。

人格面具是自己也認同的假面具

　　通常我們習慣以「某人該有的樣子」這句話來形容人格面具。例如我們對於家庭成員的想像，通常會有這是「丈夫該有的樣子」、「妻子該有的樣子」、或是「爸爸該有的樣子」、「媽媽該有的樣子」、「小孩該有的樣子」等共通印象，並說服自己必須盡到符合個人立場的責任，同時渴求家人能夠盡到他們立場所應有的責任，以上種種共通的印象就是「人格面具」。

　　另外，如果周遭的同伴之中，有人平常很會說笑

話，扮演總是逗大家開心的角色，當我們遇到這個人時，通常就會有所期待，認為他今天一定又會說出什麼笑話逗大家開心，萬一這個人有了煩惱，顯得有些鬱鬱寡歡時，大家反而會對他說：「一點都不像平常的你」，這是因為在大家的認知裡，始終認為這個人有著能讓大家感到歡樂的人格面具存在的緣故。

　　因此遇到與平常表現不同的時候，就連本人都會覺得「這樣一點都不像我」。沒有錯，人格面具其實就是一個自己也認同的假面具，由於這種假面具不會被意識所拒絕，也就不會發生「其實我根本不喜歡這種角色」的情形。所以每個人在自己的日常生活中，都是理所當然地接受著自己的人格面具。

什麼是人格面具？

丈夫
該有的樣子

上司
該有的樣子

妻子
該有的樣子

牧師
該有的樣子

父母
該有的樣子

小孩
該有的樣子

「自己必須有……的樣子」、「希望別人能有……的樣子」

全都是

人格面具

制服與人格面具的緊密關係

若以制服的例子來看，制服可說是讓人格面具更加被意識接受的一項工具。例如：警察在穿上警察制服之後，更能強烈感受到自己是「守護社會正義的勇敢人類」，並且察覺到周遭的人也是如此看待自己，而對身為警察感到驕傲。

除此之外，像是運動選手的制服、醫療單位相關人員的白衣、學生制服、以及上班族的西裝等等，全都是讓自己更加認同人格面具的工具。因此，人格面具在夢中通常會以服裝型式出現，而非以擬人化的方式出現。如果自己在夢中所穿的服裝是實際生活中從來不曾穿過的話，或許可以推測這是受到人格面具的影響。

現實中的每個人都在各種不同的群體中，擔負不同的責任、義務。例如：一個家庭主婦，可能同時身兼妻子、母親、媳婦、年老父母的女兒、工作崗位上的員工、朋友中的一員……等等角色，因此一個人有好幾種人格面具並依不同場合分別使用。不過麻煩的是，在這些人格面具當中，既有「適合自己的人格面具」，也有「不適合自己的人格面具」。

「適合自己的人格面具」是指在四種心理功能當中（即思維、情感、感覺、直覺的四種心理功能，詳見第二章），能夠活用自己在優勢功能（顯現在意識層面上的功能）上的面具。例如：思維型的人在社會上就能巧妙運用「從事知識性工作的面具」，而在家庭裡則運用「溫和開導並教育小孩的理性父母面具」。

戴上不適合的人格面具時

但是相對地在我們的人生裡，常常會有諸如被公司的上司命令：「你還這麼年輕，腳步應該輕快一點，在工作上要更有活力衝勁」，或是接受如：「對小孩的管教應該嚴格一點」等不必要的建議，而發生被迫接受「不適合自己的人格面具」的情形。

人的內心原本就能夠接受人格面具的存在，因此不

論人格面具是多麼不適合自己，通常也都會毫不抗拒地接受它。然而基本上注定都會失敗，因為自己的心理功能擔負著不適合自己的重責大任時，便會產生隔閡與勉強。

先前曾經說明過，人格面具在夢中有時會以服裝的型態出現，而此類「不適合自己的人格面具」，則有可能在夢中以自己的裸體姿態出現，這是因為人對於不適合自己的人格面具，會產生不協調的感覺，因而在夢中以沒有適合自己服裝之意的裸體樣貌出現。

當夢中出現這樣的裸體畫面時，會讓當事人感到羞恥，而不是輕鬆自在的感覺。不過如果夢見自己正裸體享受溫泉泡湯的話，就不至於是這種人格面具不適合的嚴重問題了。

人格面具的區分使用

制服 ＝讓人格面具更加被意識接受的一項工具。

選手制服	白衣	學生服	西裝

夢中的人格面具，經常會以服裝的方式顯現。

每個人同時有多種人格面具在分別使用

- **適合自己的人格面具**
  能活用自己優勢心理功能的面具。

- **不適合自己的人格面具**
  人的內心會接受各種人格面具，有時會因為勉強而不能協調，最後導致失敗。

了解「人格面具」潛藏的危險性

面具是每個人都有的原型，卻同時潛藏著傷害心靈的危險性。

另一個偽裝的自己

　　能夠接受自己在群體中所扮演角色的意識狀態原型，榮格稱之為「人格面具」（假面具）。但是從「假面具」一詞，可以引申為「隱藏真實自我的另一個偽裝的自己」，因此就字面上給人的感覺，人格面具到底還是屬於不好的存在。

　　然而「原型」本來就不是可被單純判定好或不好的東西，因為它是棲息在人類內心裡，就像宿命一般的東西，無法以價值的高、低做為評斷原型的標準。

　　不過榮格在自己所發現的幾個原型之中，似乎唯獨對人格面具原型持有些微否定的「輕蔑看法」，因為從他的說明當中隱約可以感覺到，他認為人格面具是一種膚淺的東西，最好不要存在……。或許就是因為他對人格面具有負面的看法，所以才會將這種原型稱為「假面具」吧。

　　不過為何榮格會有這種看法呢？可能是因為人格面具這種原型具有能夠破壞人類心靈的絕大危險性。事實上在榮格所治療過的病患中，有許多人的心病都是因為人格面具的功能失調所造成，因此榮格才會有如此強烈的感受，清楚明白人格面具所具有的危險性。

人格面具潛藏的危險性

　　人格面具對於人的意識，具有許多危險性。首先是「不適合自己的人格面具」。若強行接受不適合自己的人格面具，不僅會造成內心世界的崩潰，還會連帶影響身體的健康，因為這是在勉強自我扮演自己根本無法勝任的角色，以至於精神上累積許多壓力，也就容易造成胃痛、失眠等情形發生，導致日常生活大受影響。

　　如果對於不適合自己的人格面具，能夠察覺到「這

對我來說很困難」時，至少有補救的機會。當然也有人明知道這是一個不適合自己的人格面具，卻能夠扮演好該人格面具的角色，不過有些事情畢竟勉強不來，一旦累積過多壓力時，情緒遲早會爆發開來。

社會上曾發生一些駭人聽聞的兒童犯罪案件，這些行兇的孩童常常讓周遭的人大吃一驚，因為他們平常看起來都是好孩子。其實這一類的小孩是因為戴上好孩子的人格面具，又過度扮演好小孩的緣故，才會造成這種悲劇。之所以如此，主要也是因為父母與師長不斷期待他們扮演好小孩的結果，而他們也一直勉強自己順應大人們的期待。只是勉強的事情終究無法持久，因此這些孩子在長期累積的壓力之下，終於精神崩潰，造成無法挽回的最壞結果。

不過話說回來，「太過適合自己的人格面具」有時也會帶來相當大的危險。

**過度認同
人格面具
的危險**

人格面具畢竟是一種角色扮演，所以並不等同於扮演者的本性，但有時候真實的自我本性會與所扮演的社會

將潛意識化為印象

由於潛意識並無具體的型態，因此無法實際體會潛意識為何，或是具體表達出潛意識為何。

不過……

將潛意識世界透過某種肉眼可見的形體表達出來

印象 ≒ 夢

畢竟只是一個「比喻」而已，並不代表就是潛意識本身

角色，發生混淆的情況。

以前文說明人格面具時曾經舉過的「警察角色」為例，如果這個以警察為職業的人即便下了班之後，在私人的生活領域仍然是一派嚴肅，一點也不懂得變通的話，那麼對於平常以最真實本性與他接觸的家人或朋友們來說，就會感到非常疲憊。

這是因為人格面具與他本人的內心世界已經融為一體，造成他將自己所扮演的角色和真實的本性混合一起的緣故。簡單來說，這個人的內心世界已經被人格面具所扮演的角色占據了。我們有時會批評某些人擺出一副「～的架子」，例如：「擺出一副資深前輩的架子」或是「擺出一副老闆的臭架子」等等，指的便是這種情形。

由於這些人的人格面具太過於強勢，造成他們不管何時何地，都會將人格面具所扮演的角色表現於外的緣故。像是資深前輩這種人格面具，適合表現在職場上或是學校等場所，一旦離開這些場所進入私生活領域時，應該要拿下這種面具。但是對於已經將「資深前輩的人格面具」融入自我內心裡的人而言，不論他身處何地，都只能表現出老前輩的態度。

因為人格面具是不懂得變通的頑固東西，因此每個人不應該只固守一種人格面具，而應該要同時擁有多種人格面具，並依據場合巧妙地分別運用，千萬不可因為某個人格面具非常適合自己，就不斷執著扮演該人格面具的角色，否則在這廣大的人群社會裡，恐怕很難生存下去。

反過來說，也千萬不能有「既然這麼麻煩，乾脆什麼人格面具都不要」的想法，這反而是在逃避自己的人生，因為不論怎麼說，每個人都還是會有不得不擁有的人格面具。

拒絕戴上成人面具的人

在這個世界上，有些人不論活到幾歲，還是會拒絕戴上「成人人格面具」，因為他們不想擔負社會責任，只想像小孩般永遠無憂無慮地過日子。有些人就是會一直抱

持這種幻想。榮格將患有這種心病的人，稱為「永遠的少年」。

　　這一類的人常常會有如下的奇特想法：「我是非常特別的人，所以可以不必擔負大人的責任」，將拒絕戴上「成人人格面具」的自己合理化。

　　雖然在這群不願意長大的人當中，確實存在著非常特別、可以不必戴上大人面具的人，而且這種人能夠因此創作出美麗的藝術作品，即使沒有戴上「成人人格面具」，還是能受到大家的喜愛。

　　不過像這種沒有戴上「成人人格面具」的人，最後還是給周遭的人帶來麻煩的話，那麼像這樣不願意長大的想法還是錯的，表示他的心的確生病了。而這種心病在今日的日本社會裡，已經愈來愈多了。

人格面具是必須存在之物

人格面具是不懂得變通的頑固東西

執著於某一種人格面具。
無法在廣大的人群社會裡生存下去。

有必要隨時巧妙地分別運用各種人格面具

另外

有些是不得不擁有的人格面具

例如……

成人人格面具

人必須與「陰影」共存

「陰影」是指存在於潛意識裡，令自己厭惡而不願承認的陰暗面。

何謂陰影　　　大多數的人大概都不太喜歡自己吧，為什麼呢？這是因為每個人都努力想成為「心目中所認為端正的人、好人」的緣故。

例如對某個人來說，他認為不論對待誰都應該溫柔體貼有愛心，才是正確的為人處世之道，那麼這個人就會朝此目標努力。同樣地，若有個人認為不論唸書或工作，都必須比別人努力才是正確態度的話，那麼這個人應該會是個勤勉努力的人。

不論是前者還是後者的例子，正因為每個人都想努力做到，對自己而言是正確、好的生存方式，才能在此過程當中愈來愈喜歡自己。遺憾的是，在人的潛意識裡，存在著與這種想法相反、思考模式也相反的東西。

例如一個總是溫柔體貼對待他人、因而受到大家喜愛的人來說，在他的潛意識裡，其實存在著想要欺侮他人的殘酷個性。而勤勉努力、受到大家尊敬的人的潛意識裡，則帶有想要逃避問題、拋開努力去偷懶的怠惰性格。

這種存在人的潛意識裡，令自己厭惡而不願承認的陰暗面，也是榮格發現到的原型之一，他將這種原型稱為「陰影」。

榮格所看見的陰影夢境　　　榮格表示自己在學生時代裡，曾經做過這樣的夢。當時是一個月黑風高的夜晚，榮格正在努力守護著燈火不讓它熄滅，沒想到燈火映照出來的榮格身影，竟然跑來追趕榮格。

榮格從這個夢體認到以下的道理：這個跑來襲擊並威嚇自己的影子，對自己而言是邪惡的存在，但是這個陰

暗面也是由自己所創造出來的。不過如果換個角度來看，陰影在某種意義上來說，也是引導出人生另一個可能性的原型。

例如：原本善良的人為了達到成功目的，可能在不知不覺中步上了毫不在意地將他人踐踏腳下的偏激人生道路；而原先努力不懈的人，說不定也在不自覺中踏上了不論被他人如何譏笑，也能毫不在乎地悠閒度日的人生旅程。因此如果陰影並非潛藏於潛意識裡的原型，而是存在於當事者的意識中的話，那麼這個人的一生，就會有一百八十度的轉變了。

不過一般來說，人們都不希望擁有這種屬於陰影面的人生，畢竟對人而言，陰影終究代表著自己邪惡的一面，意識裡總認為它是一個無法令人喜歡的存在、或是一個無法原諒的存在。

榮格所看見的夢境

「在人的潛意識裡，存在著一種令自己厭惡而不願承認的陰暗面」──這就是被稱為「陰影」的原型。

或許也是因為這個原因，所以才會有不少人認為：
「在我的心裡，怎麼可能會存在著我所厭惡、無法接受、
甚至是輕蔑的本性」，進而想要否定陰影的存在。

**陰影必須
自我操控
而非排拒**

但是就榮格的觀點來看，正因為人存在著這種意識
所厭惡的原型，所以人的內心世界才會這麼地深奧、複
雜，導致每個人的價值觀都不同，並且潛藏著各式各樣的
可能性。如果只是單純將陰影這種令人厭惡的東西，認定
為是一個與自己毫無關係的邪惡一面，雖然這樣的人生乍
看之下比較輕鬆自在，但其實幼稚外也很趣味索然。

所以每個人都必須承認心中存在的陰影，並且明白
這種原型其實是意識必須去積極操控，而非拒絕承認的陰
暗面。

陰影在夢境中經常會以「同樣性別的人」出現。例
如：夢裡常常會出現非常令人厭惡、或是無論如何就是無
法令人喜歡的人物，這些人可說是夢境裡的壞蛋角色，其
實就是陰影的代表，更是當事者的潛意識所創造的產物。

另外在宗教的教誨中、或是古老的童話故事裡，通
常都會有魔鬼或惡魔這一類表示兇狠邪惡的存在，這些可
說是超越個人體驗，是屬於全人類共通擁有的陰影原型。

**接受心中
的 魔 鬼
（陰影）**

一般來說，魔鬼或惡魔都是不被容忍的存在，但仔
細想一想，如果它們一開始就是不被容忍的存在，那麼為
何人們會憑空創造出魔鬼或惡魔的姿態呢？所以說它們其
實就是代表「陰影」的象徵，換句話說，它們是一開始就
存在於人的內心世界裡了。

在基督教裡，魔鬼是一個絕對不被容忍的存在，並
因此受到基督教的否定，但是榮格認為所謂的魔鬼，其實
就是存在於每個人內心裡的陰影，並極力主張人們應該要
接受這種陰影的存在。

但要一個人有意識地去接受心中的陰影，確實是一
件不容易的事，但這也是心靈成長所不可或缺的步驟之

一，也因如此，榮格才會極力主張人們應該接受魔鬼（陰影）的存在。

陰影如果持續潛藏在潛意識裡的話，很可能有一天會突然失控，帶來相當大的危險，最後導致當事者的內心世界崩潰。但是如果人的意識能夠勇敢面對陰影的話，就能夠透過正視陰影的危險性及可怕性，讓人們產生自覺，明白絕對不能讓此陰暗面顯現於外，更不能讓它失控。換句話說，人可以意識到陰影的存在，進而將陰影的危險性分化為零。

像是善良的人可以透過正視自己所潛藏的殘酷性，而察覺到：「萬一我的這種陰影表現出來的話，一定會讓大家難過的」，並因此自我警覺到要更加深思熟慮才行。如果能夠做到這樣的話，這個人就能成為一個更善良的人，並得到更加喜悅的人生。

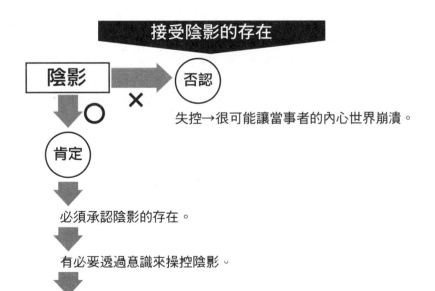

接受陰影的存在

陰影 → 否認　失控→很可能讓當事者的內心世界崩潰。

肯定

必須承認陰影的存在。

有必要透過意識來操控陰影。

雖然過程不容易，但這是心靈成長所不可或缺的步驟。

透過意識陰影的存在，可將陰影的危險性分化為零。

什麼是「投射」？

「投射」是指將自己的陰影或情結加諸在別人身上之意。

不論如何努力就是無法喜歡某人的理由

　　陰影這種原型，總讓人覺得它是「邪惡」的存在，所以要承認它的存在並進而有意識地接受它，老實說是一件不容易的事，也因此，常常會有人將自己的陰影加諸在別人的身上。

　　在眾多人之中，有一種人是不論我們如何努力，就是無法喜歡他，甚至對他會毫無來由地感到討厭。例如在一場宴會上，對一個素未謀面的人產生這樣的觀感：「那個人幹嘛老是一副畏畏縮縮的樣子，真教人生氣，為什麼他就沒辦法像我一樣抬頭挺胸呢！」

　　像對方這種「畏畏縮縮的態度」，確實任誰看了都會覺得不悅，然而讓我們感到憤怒的真正原因並不是對方本身，因為也有人會同情畏畏縮縮的人，並安慰或鼓勵他說：「不用這麼緊張不安」。

　　我們之所以會對不認識的人產生反感，是因為對方表現出與自己抬頭挺胸的樣子完全相反的姿態，因而對此感到焦躁。

　　事實上「畏畏縮縮的樣子」正是「抬頭挺胸的樣子」的陰影。此時的我們，因為將自己的陰影反映在他人身上，而將這種陰影視為發生在他人身上的狀況。也就是說，被我們莫名其妙發洩情緒的這個人，就是被我們的陰影所反映的對象，而我們這種內心狀況的變化，就稱為「投射」。

　　所以「投射」是指，將自我意識想否定的內心狀況，解釋成他人的內心狀況，因而連帶地否定對方、甚至攻擊對方。透過這樣的行為，讓我們自認為沒有出現像對方那種令人討厭的作為，進而欺騙、說服自己。像這種將

自己的陰影投射在他人身上的情形，可說是非常常見。

何謂情結的投射　　　有時候我們也會將存在於個人潛意識中的「情結」，投射在他人身上，而產生厭惡或排斥這個他人的情形。

如同第二章曾經敍述過的內容，「情結」是一種理智無法控制、存在於潛意識裡的拘泥表現，因此意識總是容易抗拒「情結」的存在。當事者也常常會透過「投射」，將「情結」視為是存在於他人身上的東西，藉此來矇騙自己。

何謂投射

那個人幹嘛老是一副畏畏縮縮的樣子啊！

焦躁

這種畏畏縮縮的態度，👉正是自己的陰影！

被我們莫名其妙發洩情緒的他人，就是被我們自身陰影所反映的對象，而這種內心狀況的變化，就稱為「投射」。

父母將自己的陰影投射在小孩身上

另外，現實中經常見到的悲劇就是：父母將自己的陰影或情結，投射在小孩身上。對於父母來說，小孩是最接近自己身邊可被自由操控的他人，因此父母容易將自己的陰影或情結，投射在他們身上。

「為什麼這個孩子就是這麼邋遢！」、「這個孩子怎麼這麼任性，真的快被他氣死了！」像這樣接近歇斯底里地對小孩發怒的母親，現實生活裡應該看過不少吧！不論是邋遢還是任性，其實都是存在於父母內心深處裡的東西，只是父母將它投射在小孩身上，並透過如同教訓他人一般來教訓小孩的過程，以欺瞞自己的內心。也就是說，父母對小孩所感到的焦躁壓力，其實是來自自己內心裡的不滿情緒。

為此受到父母責備的小孩，如果哪一天引發了心病，也不是什麼不可思議的事，因為愈是激烈的投射，愈會傷害到當事者本人以及受到責備的對方。

喜歡華麗的人，常常會認為樸素的人「很陰沉」，而樸素的人也常常會認為喜歡華麗的人「很輕浮」，這種互相對立的看法，其實只是互相將自己的陰影投射在對方身上罷了。我們應該早點發現這件事實，才能讓自己的心靈成長得更健全，並對於被我們投射的他人，收斂起自己的反感情緒（這並非代表我們會喜歡上對方，而是指不再介意對方言行舉止的意思）。

換句話說，只要我們能夠發現此時對對方所感到的不滿，其實只是自己的投射作用的話，就能夠使內心朝向正面發揮作用。讓我們能因此透過他人的存在，清楚看見自己內心世界的黑暗面，進而明確理解「這若不是我內心裡的陰影、就是我內心裡的情結」。

但如果在察覺這個道理之前，已經因為投射的緣故，傷害了對方及自己的話，就真的得不償失了。所以對於「投射」的這種內心構造，必須儘早予以理解，進而早日發現自己的投射內容。

投射的構造

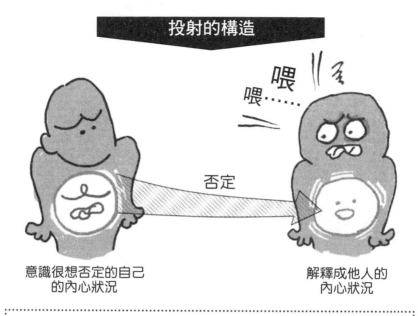

意識很想否定的自己
的內心狀況

解釋成他人的
內心狀況

有時會將自己的情結投射在他人身上，因而厭惡或排斥這個他人。

> 將自己的情結視為存在於他人身上的情結，藉此矇騙自己。

父母將自己的陰影或情結投射在小孩身上。

> 因為小孩是最接近自己身邊的「可自由操控的他人」。

喜歡華麗的人會討厭樸素的人（或是相反的情形），都是因為互相將自己的陰影投射在對方身上之故。

「本我」是原型的最高核心

「本我」就是意識與潛意識互相融合後所成就的完整內心世界。

「自我」與「本我」完全不同

「自我」與「本我」，兩者都是「表現自己」的用詞，因此許多人都認為它們之間並無多大差異，但是榮格卻將這兩者做了明顯的區分。榮格心理學的最終目標，或許就在於明確理解自我與本我之間的差異。

如果以一句話來概括說明什麼是「自我」，其實就是「個人意識的中心」，也就是形成「我就是我」這樣想法的支柱。

當人們注視或傾聽著自己周遭的世界時，會感受到「我正在看著這個世界的樣子、聽著這個世界的聲音」，進而有「我現在正存在於這裡，別的地方並不存在另一個我」的真實感，甚至能夠理解周遭的他人並不是自己，因為站在這裡的人，就只有自己一個人而已。不僅如此，也會有這樣的想法：「現在存在這裡的我，昨天、明天都依然會存在，因為從過去到未來，我永遠都會是我」。

相信不論是誰，應該都會有上述的想法，這就是「自我」。對於我們人類來說，「自我」就是一個「理所當然的自己」，換句話說，隨時都能夠感受到自己存在的這種心靈就是「自我」。

不過如同先前不斷說明的內容，並非自己能感受到的部分就是完整的內心世界，因為人們的內心世界裡，還存在著自己所感受不到、也無法理解的部分，那就是潛意識世界。

「本我」是整體內心世界的核心

人的內心必須透過意識與潛意識的結合，才能成為一個完整的內心世界。這個完整的內心世界，就稱為「本我」。

　　當然也可以解釋為：融合了意識與潛意識的整體心靈，其核心就是「本我」。總而言之，「自我」所支撐的不過是個人意識的領域而已，而「本我」所支撐的才是整個內心世界。

　　因此「本我」是能夠給予人的內心最終安定的存在，只有當「本我」沉穩地存在內心的中心、且所有心理要素都能夠面對「本我」時，人才能夠從心病與不安的糾纏當中獲得解脫，得到心靈上真正的平靜。

　　若以世俗的眼光來看，有些人明明過得是「成功的人生」，但是他的內心裡總是存在著某些不安，無法得到真正的滿足，因而隨時感到焦慮，非常在意他人的眼光。像這一類的人，明明在社會上擁有一定的社會地位和收

「自我」與「本我」

自我  意識

● 支撐「我就是我」這種想法的「意識核心」。
● 對自己而言，是一個理所當然的存在。

本我 內心世界

● 潛意識與意識互相融合之後所成就的完整內心世界。
● 自我只支撐著個人意識，而本我卻是支撐著整個內心世界。
● 唯有當本我成為自己心靈的中心，且所有心理要素都能夠面對本我時，人的內心世界才能真正獲得平靜。

入、以及人們的良好評價，在現實社會裡（能夠被意識到的社會）可說是一個成功者，卻總是在某些方面感到空虛。

這一類的人容易到處吹噓自己的「成功」，以得到他人的稱讚，因為唯有透過他人的讚賞，才能減輕自己內心的空虛感。

「本我」是原型的最高存在

為什麼這一類的人會有如此的感覺呢？因為他們只依據「自我」來判斷自己的人生成敗，而非依據「本我」所追求的方式來生活。

他們的不安來自於「本我」對「自我」的一種訴求，因為「本我」認為目前的生活方式對當事人的整體內心世界來說，根本一點也不真實。

事實上「本我」是人類共通的心理要素之一，也就是原型的一種，只不過這種原型可說是「超級原型」，是所有原型中最高存在的終極原型。

不過原型畢竟就是原型，所以仍然無法讓意識直接察覺到它的存在，通常也是會透過「某種比喻的型態」出現在夢中。

「本我」出現於夢境裡時

例如當人有某種煩惱（意識所無法解決的問題）時，有時會夢見具有睿智、能夠開導自己的人物出現，譬如類似仙人或是神明之類的人物，這就是「本我」所借用的比喻化身。

換句話說，「本我」會以當事者所認為最偉大的象徵出現在夢裡，例如具有不可思議力量的神明等。也有人的夢中是以小孩子的形象，來表達「本我」的存在，因為對大人來說，小孩子也是擁有深不可測潛力的神祕存在。

若將「本我」比喻為肉眼所能看見的形狀時，那就是圓形或四方形。因為圓形和四方形不但是具體的形狀，也是一種能夠讓人感受到安定和沉穩的形狀。由於「本

我」是引導內心世界獲得完全平靜的一種原型，因此被比喻為這種具體形狀。

另外，圓形還可讓人聯想到佛教思想中表示領悟之心的「曼陀羅」；而「四」這個數字，則是各種古代宗教所重視的數字。榮格從這些歷史事實當中，發現了人們會透過圓形和四方形表現出「本我」的原型。

本我的夢境與形體

當本我顯現於夢中時……

●呈現仙人或神明的樣子

●讓人感受到擁有不可思議的偉大力量

將本我化為形狀時……

●圓形或四方形

●讓人感受到安定及沉靜的形狀

●因為本我就是引導人們的內心世界
　獲得完全平靜的原型

平衡「自我」與「本我」的重要性

了解當自我被本我吞沒時，產生「自大」想法的可怕性。

「自我」容易受到情結的影響

「自我」其實是相當脆弱的存在。因為「我就是我」的這種想法，就是「自我」不斷向意識傳達訊息，表明「自我」在日常生活中不斷執著於「我」的存在，因此在某種意義上來說，等於是情結的一種表現。所謂物以類聚，也是因此之故，所以「自我」很容易受到情結的影響。

如同先前所提，情結是一種「理智所無法控制的潛意識裡的拘泥表現」，因此一旦情結靠近「自我」時，「自我」就會顯得慌亂無章，所以對「自我」來說，情結是一種可怕的存在。

「自我」最希望達到的境界，就是「我可以成為一個理智又偉大的人」，為此「自我」不斷努力支撐著意識發揮作用，而如果此時情結靠近過來的話，這種「理智又偉大的我」就會立刻被瓦解掉。

如此一來，「自我」也只能搖頭歎息：「真是的，我其實並不想這樣就被瓦解掉，卻竟然這麼簡單就被瓦解了」，就如同有腿粗情結的女性，始終只能怨嘆自己不敢穿裙子一樣。

「投射」也是「自我」的一種作用

「總覺得周遭的人都在說我的壞話……」某些患上心病的人，有時會產生這種幻聽，這也是「自我」被情結打垮的其中一種症狀。即使「自我」想要努力接受周遭根本不存在這種聲音的事實，也會因為內心裡的情結已經根深柢固地認為「周遭的人都覺得我是一個怪人」，而被迫瓦解。

事實上人之所以會產生「投射」（譯注：將自己的陰

影或情結加諸在別人身上），也是因為「自我」發揮作用
的結果。

　　由於「自我」在被情結瓦解之前，會努力想要保護
自己，因此將情結反映在他人身上，是為了度過臨時的緊
急狀況所採取的自保方式。所以說「投射」其實只是自我
的一種防禦手段而已，當然不可能真的解決問題。

　　正因為「自我」是如此地脆弱，因此當人們陷入不
安的狀態時，「自我」很容易就被「本我」吞沒。

　　當人們遇到人生的瓶頸時，常常會陷入「我已經不
想再承受這種痛苦……」，或是「我已經不知道該如何是
好……」的迷思，此時「自我」會把現實世界裡的自己交
給偉大的「本我」，也就是說，人為了要逃避痛苦的現實
世界，捨棄了活在現實世界裡日常的「自我」，並藉由
「我已經從低俗的世界脫身而出，成為一個高尚的人」這
樣的想法來矇混自己，也就是將這種逃避透過成為「本

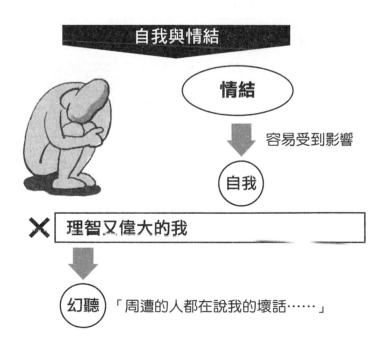

169

我」合理化。

　　這確實是一個很簡單的選擇，因為對於「自我」來説，所謂的「本我」是「自我」在每天不斷努力之下，所慢慢累積的成果，正因為如此，所以人會把握每一天的生活。

　　只是被「本我」所吞沒的「自我」，就會放棄在日常生活中支撐意識運作的重責大任了。

「自大」
的可怕性
　　如此一來，人就會誤以為自己是一個偉大又特別的人，自認為比一般人（在自我的支撐下過生活的人們）要來得有成就。這種情形其實也是這個人「自以為得到頓悟、豁然開朗」，讓這種宛如「幻覺」的想法，支配了他的內心世界所致。這種情形就稱為「自大」。

　　陷入自大狀況裡的人，會變得非常傲慢，再也無法看清楚自己在現實生活裡的實際能力，而誤以為唯有自己才是凡事都懂的「萬能者」，並開始輕視周遭的人，認為他們都被世俗汙染了、或都是膚淺的人。

　　對於周遭的人來説，這是最令人無法忍受的態度。所以説「自大」不但會造成別人很大的困擾，也會為自己帶來極大的不幸，更是一個逃避生活、愚蠢至極的生活方式。

　　此外，自大也是拋棄「自我」（理性）的一種心理狀態，嚴重時甚至會無法做出「生命裡的正常判斷」，也就是忘了生命的可貴。

　　一旦發展到這個地步，帶給周遭人的困擾就不只是令人感到不悅的程度而已了。例如直至今日仍讓我們記憶猶新的「奧姆真理教事件」（譯注：麻原彰晃於1989年設立的宗教團體，設立後即不斷引發爭議與犯罪嫌疑，直到1995年3月時，日本警方在長期監控後，決定對教團進行全面搜查，卻因消息走漏而引發奧姆真理教搶先採取行動，爆發了東京地下鐵沙林毒氣攻擊事件，震驚了全世

界），其中犯下罪行的教徒們，可説是這種愚蠢集團的代表人物。

這種橫行世上、打著新興宗教旗幟的詐騙集團，就是以引導教徒走向自大的手法而達到目的。真正的宗教，雖然也會倡導「本我」的偉大性，但是絕對不會信口開河，論述「這種偉大的本我『能夠簡單到手』」。

榮格始終強力主張，自我必須積極與本我攜手合作才行。換句話説，唯有「自我」努力平等面對「本我」並與其互補，才能成就一個真正的「完整的內心世界」。

榮格同時認為，為了達到這個目的，「自我」必須變得更堅強才行，在強大的理性與自信之下，支撐起「我就是我」的這種想法。這也是所有人都必須銘記在心的重要觀念。

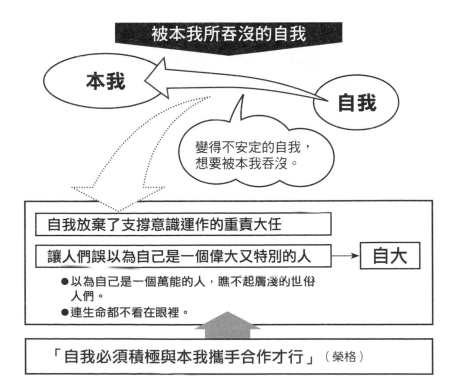

被本我所吞沒的自我

本我

自我

變得不安定的自我，想要被本我吞沒。

自我放棄了支撐意識運作的重責大任

讓人們誤以為自己是一個偉大又特別的人 ➞ 自大

●以為自己是一個萬能的人，瞧不起屑淺的世俗人們。

●連生命都不看在眼裡。

「自我必須積極與本我攜手合作才行」（榮格）

對後半生有重要意義的「個體化」

「個體化」即自我與本我互相認同並融合為一之意。

因某個目的而存在的心靈

　　不過話說回來，究竟什麼是「本我」？榮格認為「心靈並非毫無意義的存在，而是為了某個目的而存在」。因此這個疑問也可以換成是：「本我」究竟為何存在？

　　人究竟是為了什麼而活？對於這個永遠是人類最大的疑問，榮格所提出的解答就是「本我」。因為每個人就是為了了解存在於自己潛意識深處的「本我」而活。簡單地說，榮格認為，當一個人能夠察覺到自己的所有意識和潛意識，並充分感受到「啊，原來這個就是我的內心世界」時，就能獲得最圓滿的幸福。

　　人們所追求的幸福中，首先是「物質上的滿足感」，也就是擁有許多財產、享受奢華的喜悅。接著是「情感上的滿足感」，便是與自己互有感情的人共享身心相通的喜悅，不論這個對象是同胞、夥伴、兄弟姐妹、或是所愛的人等等。

　　但是每個人也都知道，還有一種超越這些滿足感的幸福存在。例如：獨自站在大自然裡，看到太陽上升時，剎那間胸中所湧現的一股感動、令人不由自主想大聲喊叫的那種感動。當人們接觸到莊嚴神祕又美麗的景觀時，總是能夠忘記平常所計較的利害得失、或是複雜的人際關係，只是單純地享受著那股不可思議的極致喜悅。而創造出這種喜悅的就是「本我」。

「本我」所創造出的感動

　　這種喜悅絕不是「旭日東昇的太陽」所賜予的。旭日東昇的太陽，終究不過是一種大自然現象而已，在這種純為大自然現象當中，創造出極致感動的，其實就是「本我」。

172

人類自古以來就喜歡將這種喜悅，以「感受到神的存在」這樣的字眼表達出來。因為這種喜悅已經超越宗教的領域，人們能否感受到這種喜悅，完全與他是否為某種特定宗教的信徒無關。因此榮格才會充滿自信地極力主張：「神明確實是存在的」。

榮格所主張的「個體化」為何？

榮格認為，如果每個人都能夠理解，擁有如此美好力量的「本我」就存在自己的內心裡，並進而感受到這個「本我」時，便能夠獲得身為人類的至高喜悅，而這也是人類所追求的終極生活目標。

能夠感受到「本我」存在的，當然就是「自我」

何謂「本我」

本我 ＝ 「存在於每個人的潛意識深處，人就是為了了解它而活。」

當人能察覺到自己的所有意識和潛意識，並充分感受這就是自己的完整內心世界時，就能獲得幸福。

人們所追求的幸福

- ●物質上的滿足感
- ●情感上的滿足感
- ●超越這兩種的滿足感

　　└→ 「享受極致的喜悅」

了。這代表著「自我」必須與「本我」互相認同並合而為一。榮格將這樣的過程稱為「個體化」。

所謂的個體，就是個人能夠確實掌握住自己的所有內心狀態。而各種不同的心病，就是在發展個體化的過程當中，必須克服的障礙，因此治癒心病的過程與個體化之間有著密不可分的關係。

要如何才能達成個體化？也就是隨時隨地謙虛地凝視自己。像是：人究竟為什麼會陷入迷思，認為自己才是對的？自己所厭惡事物的真實面，究竟又是什麼？各種不同的情結、不同的原型、陰影、「自我」的偏差判斷……，對於這些存在我們內心世界裡的種種心理要素，我們都必須去清楚理解。我們才能清楚看見，什麼才是自己內心裡真正能夠感到滿足的東西。

對於步入個體化的時期來看，榮格非常重視人生的後半段（中年時期以後）。因為人在步入中年以前，總是拚命地不斷追求與現實世界之間有所關聯的事物，也就是在只有意識的世界裡，充分發揮「自我」的作用以求生存。

但是當個人的社會地位、工作、以及自己的未來藍圖有了某種程度的成就，也就是對於現實世界的努力追求終於穩定下來時，人就會開始思考自己的人生意義，而這個階段就是中年期（至於該以幾歲做為步入中年期的劃分，基本上沒有多大意義，因為每個人的心理發展速度不同，所以會到達中年期的時間自然有所差異）。

榮格將此時期視為「中年期的危機」，因為人如果到了這個階段，還沒有察覺到自己的個體化發展，就會認為自己的人生沒有意義，而導致自暴自棄的情形發生。

不過，個體化是在人生的後半段才應該踏上的旅程，因為人生真正的喜悅都發生在此階段。

什麼是「個體化」

本我　　自我

↓

「本我」與「自我」互相融合為一

↓

這種過程稱為 **「個體化」**

↑

謙虛地凝視自己 ┈┈┈┐

理解存在於自己內心裡的情結、
原型、陰影等心理要素。

榮格與納粹

一九三三年，歷史上發生了一個大悲劇，那就是希特勒成為德國首相，掌控了整個德國的政權。那一年，榮格五十八歲。

在那之後，整個歐洲掀起了一場納粹屠殺猶太人的腥風血雨，而榮格也被捲入了這場世紀大悲劇。

維持學會獨立性所做的努力

此時的榮格，正好因為「煉金術」等研究有所成果，創下了不少輝煌成就，在心理學學會上的地位也穩固不可動搖，並擔任了「國際精神療法學會」的名譽副會長一職。

榮格在當時就看出了希特勒和納粹、以及狂熱支持納粹的德國民眾們，明顯地陷入有損健康的集體精神病症狀裡，並深知這種狀況所可能帶來的危險。而納粹當然也對國際精神療法學會施予莫大的壓力，因此在一九三三年六月時，當時的會長克雷·茲邁，為了向納粹表達抗議而辭去了會長一職。

為此學會的成員特地來請求榮格擔任下一任的會長職，當時還是擔任名譽副會長的榮格，其實早已從第一線的活動退居下來，但是學會裡的人都認為，唯有榮格才能不屈服於納粹的淫威下，堅守學問的自由，因此熱切希望榮格能夠成為一面反抗納粹的代表旗幟。

至於榮格本人，也認為這是自己的使命，因此他回應周遭的邀請，擔任了會長一職，並立刻採取行動。首先，他修正了學會的規定，並於世界各國成立分會，換句話說，他想利用將學會改編為國際性組織的方式，讓設立於各國的分會擁有獨立性，如此一來，納粹就再也無法輕易掌控學會的所

有支配權。

　　接著針對學會成員的入會資格，更鼓勵全世界的人以個人身分加入學會，而不再受國籍的限制。這也是為了讓受到德國迫害的猶太學者，能夠受到德國以外的分會成員支持所採取的措施。

與親納粹人士間的對抗

　　一九三四年時，當這些規定被修正完成之後，榮格立即宣誓學會的政治與信念的中立性。只是很遺憾地，對於他的這個宣誓，一般認為並未在當時的現實社會裡產生多大效果，因為當時的納粹，對於榮格的這種快速舉動，不僅感到非常懊惱，更認為絕不能坐視不管。

　　學會裡的德國分會，完全與榮格的意志背道而馳地被納粹所掌控，在榮格就任會長的三個月後，馬蒂阿斯·戈林成為德國分會的會長，而他正是鼎鼎大名的納粹國家元帥赫曼·戈林的堂兄弟。

　　在這一段時期裡，榮格與德國分會之間的戰爭，可說是有進有退的攻防戰，對於當時已經不年輕的榮格來說，這場戰役讓他耗去了大半的精神與體力，是一段非常艱辛的歲月。

　　德國分會後來無視會長榮格的存在，在學會的《中央誌》（一九三三年十二月號）裡，刊載了效忠納粹的〈宣誓文〉。《中央誌》對外是以會長榮格擔任責任編輯的名義發刊，因此拿到雜誌的人，都誤以為「榮格竟然成為納粹的走狗」，而對他加以嚴厲批評。

　　德國分會在那之後，仍將擁護納粹的行為，列為國際精

神療法學會的正式公開活動而大肆推展，因此外界的人紛紛認定會長榮格認可這種活動的推廣，就連他的故鄉瑞士，也開始對他展開一連串的謾罵，榮格為了解開這種誤會，還曾經在報紙上公開澄清說明，實在是非常勞心費神。

受納粹逼退後的榮格

由於納粹勢力愈來愈強大，孤軍奮鬥的榮格終究不敵這股強大的力量，因此在一九三六年時，戈林也加入擔任《中央誌》的責任編輯一職，納粹控制整個德國分會的勢力也愈發明顯。

即使如此，榮格仍努力不懈地與故鄉的瑞士分會攜手合作，積極在會刊上刊載猶太學者的論文，或是極力介紹猶太學者的著作，希望在自己能力所及範圍之內，設法除去對猶太人的不當差別待遇。

當時的日本分會，因為日本與德國結為同盟國的關係，同樣致力於推進有利納粹的活動。在納粹種種的強大勢力壓迫之下，榮格終於在一九三九年退出了會長一職。無法抵抗納粹統治勢力的榮格，到最後可說是無計可施，翌年戈林就任會長一職之後，學會總部更被遷移到德國柏林，隨即榮格的著作也被禁止在德國發行。

儘管實際情形對榮格如此艱難，但是整個歐洲對於「榮格是納粹的共犯，也是反猶太主義者」的批評聲浪，從第二次世界大戰中一直到戰後都不曾停止。甚至早在第二次世界大戰爆發之前，原本為榮格友人的一些猶太人，就因為世間的這種誤解，而批判過榮格。

榮格在戰後親自拜訪了當時批判他的這些猶太朋友，成功化解了友人對他的誤會，更由於榮格真誠地應對，讓這些猶太友人再度與他恢復友情，不過一般世間對他的誤解，直到戰後還是持續了一段時間。

　　據説榮格對猶太朋友們表示：「我把事情搞砸了」，並深深對他們鞠躬致意。對榮格來説，與納粹對抗的那一段日子，著實讓他付出了極大的犧牲，是一段非常艱辛難熬的歲月。

第 4 章

揭開榮格與
「神祕現象」的面紗

榮格如何看待靈魂、幽浮等物？

··········· 學 習 重 點 ···········

- 認同神祕現象的榮格
- 榮格在夢境中所看見的神
- 榮格所體驗過的各種神祕現象
- 榮格對鬼魂的看法
- 榮格對算命充滿興趣的理由
- 何謂有意義的巧合
- 榮格心理學與煉金術的關係
- 榮格藉由幽浮所思考而來的理論

榮格如何遇上神祕現象？

不受基督教立場所羈絆，而對神祕現象充滿興趣的榮格。

**認同神祕
現象的榮格**

　　榮格心理學具有神祕學的特質。對於鬼魂、冤魂、算命、神的啟示、以及幽浮……等神祕現象，榮格將它們視為確實存在於這個世界裡的事實。當然這些現象並無法以科學方式來證明其真實性。

　　而科學立場一向主張：既然無法證明神祕現象的存在，就無法認同它們的真實性。但是榮格卻主張：即使無法以科學方式來證明，它們還是存在的，因為榮格認為，人的心靈有辦法感受到神祕現象。這究竟是什麼意思？以下用「有人看見了鬼魂」為例來說明。

　　站在科學觀點來看，由於無法證明鬼魂的存在，因此鬼魂被視為原本就不存在的東西，所以有人看見了鬼魂，就科學的認知上其實是「單純的錯覺」。但是榮格卻認為，既然看見了，就表示存在，並站在這種觀點開始探討看見鬼魂的意義。

　　「人們能看見它、感覺到它，所以表示它存在。」榮格認為這種科學所無法證明的「人的心靈力量」，是一個確實又偉大的存在，而這個觀點也是榮格心理學的基礎。

**與基督教
保持距離
的榮格**

　　榮格是瑞士人，而瑞士是信奉基督教為主的國家。不僅如此，榮格也是瑞士福音改革派（新教）教會牧師的兒子，還有八位擔任牧師的叔伯，就連榮格的外祖父也是牧師，換句話說，他從小就在信仰基督教的環境中長大。

　　從榮格的出身背景來看，或許有人會認為，榮格的基督教信仰是如此根深柢固，那麼當時他在看待這些神祕現象時（諸如神蹟），應該自然而然就能接受了吧？會如

此思考的人，事實上是不了解基督教的緣故。

　　基督教中，尤其是新教派，是非常重視合理性與科學性的現實派，雖然他們也是非常虔誠地信奉神，但是他們從來不認為，神蹟能夠引發超越人類智慧的超自然現象。

　　例如：當人們的身體感到不舒服時，如果只向神祈求是無法治癒的，仍然要透過醫學的幫助，才能讓身體復原，這就是新教派的觀念。也因為如此，所以受這種基督教文化影響的國家，不論是美國或是歐洲，各種不同領域的科學才能夠如此發達。

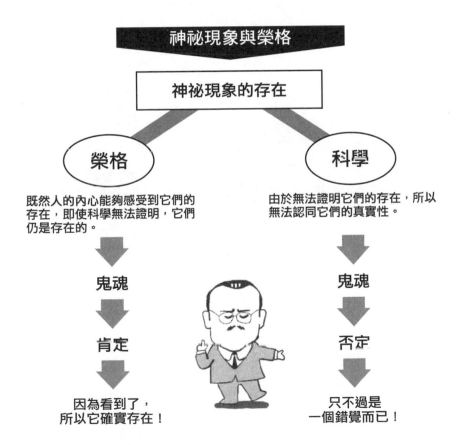

神祕現象與榮格

神祕現象的存在

榮格

既然人的內心能夠感受到它們的存在，即使科學無法證明，它們仍是存在的。

鬼魂

肯定

因為看到了，所以它確實存在！

科學

由於無法證明它們的存在，所以無法認同它們的真實性。

鬼魂

否定

只不過是一個錯覺而已！

所以榮格對神祕現象的認同態度，絕對不是因為來自基督教信仰的緣故，在某種意義上來說，榮格反而是在批判基督教。如果榮格是站在基督教（新教）的立場來觀察現實世界的話，那麼他對於種種神祕現象，應該會認為這是不可能發生的才對，遑論要他認同了。

另外，從歷史上來看基督教，會發現它其實是比較排外的，因為基督教並不認同其他宗教的存在，甚至會激烈攻擊，進而想要消滅其他宗教。

基督教以外的宗教與神祕現象之間的關係

關於基督教排外最經典的史實，首推中世紀時代的十字軍遠征。其實就是歐洲的基督教勢力侵略阿拉伯的伊斯蘭教文化，當時的十字軍以聖戰為名，對信仰伊斯蘭教的阿拉伯人，進行各種殘酷的侵略行為。

當時的十字軍認為阿拉伯人會將寶石吞進肚裡，因此將他們的肚子剖開以獲取寶石，像這種殘暴行為猶如家常便飯般不斷上演。因為對於十字軍來說，根本沒有必要對非基督教的異教徒投以同情或憐憫之心。

當然現今的基督教已經沒有當年的那種激烈排他性了，不僅是對待伊斯蘭教，包含世界上的所有其他宗教，基督教都能以包容的心，努力與其他宗教共存。不過若要解開歷史上曾經有過的癥結，那麼在古世紀到中世紀的這一段期間裡，基督教不斷想要消滅其他宗教的做法，卻也是一個不可磨滅的事實。

若追溯現今所發生的許多神祕現象，會發現其實這些神祕現象的源頭，很多都與古世紀到中世紀這一段期間的「非基督教以外的宗教」有關。也就是說這些已經被滅亡的古代宗教儀式或神話，改變了原本的型態流傳到現代，成為今日被許多人質疑的「神祕學」。

所以，榮格所接受的各種神祕現象，其實就是古代受基督教迫害的其他各種宗教所發生的事實與現象。而榮格在仔細探討歷史上反基督教的各種事件之後，發現了潛

藏在人心裡的那股力量。總歸一句話，榮格在批判現代基督教的同時，找到了一個發現人類心靈真實的契機。

「不論你信或不信，神確實是存在的。」──這是榮格刻在自家玄關裡的一句話，而他對於這句話的解釋是：「即使那不是代表基督教的神，也是追求神的一條道路，而如何發現這條道路，才是最終的問題所在。」

神祕現象與人的心靈力量

榮格對神祕現象
的關心　＝　批判基督教

今日發生的神祕現象裡，
許多都與「非基督教以外的宗教」有關。

榮格發現了
人的心靈力量！

人心的力量！

令榮格震撼的基督教體驗

基督教義的矛盾之處，讓榮格無法完全相信基督教。

**神為何創
造出罪惡**

榮格並不相信存在於他那個時代裡的「二十世紀的基督教」，或者應該說，榮格對當時的基督教存疑，因為他從小就發現基督教裡的嚴重矛盾之處。而那種矛盾並非是單純的內容。

像是基督教始終倡導「神是萬能」的教誨。也就是說，存在於這個世界上的所有一切，都是依照神的旨意所創造的；既然如此，為什麼世界上會有「罪惡」的存在呢？

憎恨與怨念的心、傷害他人的殘暴行為、為了滿足自己的慾望甚至不在乎殺害他人的想法，這種種如「魔鬼」般的行為，為何會充斥在這個世界上？

如果說這個世界是依照神的旨意創造出來的，那麼讓人們感到痛苦的這些「罪惡」，當然也是神刻意創造出來的東西。換句話說，神為了折磨人類、欺侮人類，而創造出魔鬼，這到底是為什麼？神為何要如此對待人類……？這是一個很大的矛盾。

為了否定這種矛盾，可能有人會反駁說：「不是的，神怎麼可能會刻意創造出魔鬼，這絕對是不可能的事」，若果真如此，則代表魔鬼會現身於這個世上，完全與神的旨意無關。如此一來，就變成是神無法以自己的雙手，阻止魔鬼對人類肆虐的結果，那麼就不能說神是萬能的了，這又形成另一個更大的矛盾。

這個問題也是基督教自古以來不斷被爭論的神學議題，但是基督教對於這個矛盾與質疑，始終不明確回答以堅守自己的教義。簡言之，基督教就是透過這種曖昧不明的態度，來避免人們對它的信仰破滅。也因為藉由這種應

對態度，使得信奉它的基督教徒得以在心靈上一直獲得平
靜。

幼年榮格的墓地體驗

　　不過榮格對於基督教這種矛盾之處一直無法釋懷。
因為身為牧師小孩的榮格，從小就有多次目睹墓地埋葬的
經驗。他看到在神的召喚之下，許多往生的人被埋進土
裡，如同被埋葬於黑暗之中，這種體驗使得幼小的榮格一
直存有神是很可怕的印象。當時的榮格認為，神會在抓住
人類之後，再將他們拖進洞裡去，這樣子的神實在令人無
法相信祂。

不相信神的榮格

榮格　「多次親眼目睹過人被埋進墓地裡的樣子」

「神是很可怕的存在」
→抓住人們之後，將他們拖進洞裡。

 咻～

榮格　　擔任神父的榮格父親

「神是不可相信的存在」⟷「神是慈愛且憐憫世人的存在」

不過另一方面，榮格也對於自己懷疑神的這件事感到害怕，因為身為牧師的兒子，從小就被灌輸「神是慈愛且憐憫世人」的思想，因此對榮格來說，「無法相信神」是一件非常罪惡的事。

後來他與父親商談並提出自己的疑問，或許他是想透過父親得到滿意的回答，而讓自己能夠真正信奉神吧。

對父親充滿失望的榮格

但榮格對基督教的質疑，是來自於他親身的體驗，而父親只是否定他的疑慮，並對他教誨：「榮格，你不可以懷疑神，這是不對的事情」，父親這樣的回答讓榮格無法坦率地接受。

榮格的父親雖然是一位非常忠誠老實的牧師，但是對於基督教的教義，他只是單純地反覆向人傳道，自己對基督教並沒有一番信念與理解；說得更白一點，他只是每天確實執行牧師職務的人罷了。

像他這樣的人所說明的內容，當然無法打動榮格的心。榮格對於只能回答：「你一定要相信神」的父親，也看穿了自己的爸爸根本沒有親身體驗過神的存在。

為此，榮格對父親徹底感到失望，甚至感到憐憫，雖然父親在榮格二十歲那一年過世，不過榮格早就下定決心，要自己找出因為對神產生懷疑而感到不安的解決之道。

榮格所看見的白日夢

榮格從十二歲起，便開始尋找解除自己不安的方法。就在某個晴空萬里的夏日裡，榮格抬頭仰望著一座莊嚴氣派的大教堂。高聳在美麗藍天裡的教堂尖塔，透過陽光照耀之下，顯得非常光芒亮麗。

這樣的景象使得榮格打從心底感到美好，並覺得創造出如此美景的造物主，正從遙遠的天上溫柔地包圍這個世界。但在此同時，榮格的心中描繪出了一幅慘烈的景象，也就是榮格所看見的白日夢。榮格看見高高坐在天空

上寶座的神，竟然往大地落下了無數的糞便，將大教堂的屋頂砸個粉碎。

　　「這到底是怎麼回事？究竟有何意義？」榮格對於自己所看見的景象大感震驚，更對這個景象所代表的意義感到困擾。不過榮格最後還是找出了答案。

榮格所看見的白日夢

開始接受所有不可思議現象的榮格

榮格將對神毛骨悚然的印象，視為神對他的鼓勵。

夢境中所看到的神

　　榮格在夢境中所看見的神，做出令他感到非常過分又厭惡的行為：一個用糞便將大教堂擊碎的神。如果是由一個虔誠的基督教徒（新教徒）看見這種景象的話，可能會對自己的這種白日夢感到罪惡萬分吧！畢竟「神」在基督教徒的心中，是一個清高又溫柔的美麗存在，而身為教徒竟然看見褻瀆神的景象，恐怕是自己的心已經被魔鬼占據了，但是榮格並不如此認為。

　　他雖然想承認，神確實是一個清高又溫柔的美麗存在，但同時也認為神擁有殘酷的一面。因此榮格不認為自己所看見的景象，完全是內心所捏造出來的東西，而是神向自己所開示的另外一面。

　　「既然如此，為何神要讓我看見祂不堪的一面呢？」對此疑問，榮格終於恍然大悟，原來神是要鼓勵榮格「拿出勇氣來」。

神的黑暗面為何

　　榮格對於他所看見白日夢的解釋是，神不但承認自己有可怕、殘酷的一面，同時透過白日夢告訴榮格，因為他能夠發現到神的黑暗面，對此他不但不用逃避，而要能抬頭挺胸地接受，並在今後勇敢面對神同時具有黑暗面的事實。

　　對於榮格而言，那一幕不堪的景象是神對他的鼓勵，也是神對他的「恩寵」。榮格在晚年時曾回憶起這一幕，並如此述敘：「我因此對神充滿感謝與幸福感，而當場落淚。」

　　經歷這次事件後，榮格擺脫了只強調神的清高面這種基督教式對神的假象，並因此坦率接受世上所有不可思

榮格與神

榮格所看見的神，會做出令他感到厭惡的行為，
是個可怕的存在。

虔誠的教徒

會看見這樣的神，完全是
因為自己的心被魔鬼占據的緣故。

榮格

神向自己開示的另一面。

進而⋯⋯

理解這個事實：
「神具有可怕的黑暗面，但神要
榮格勇敢面對真正的祂」。

榮格終於能夠坦率接受，存在於這個世界上的所
有不可思議現象、以及未知的恐懼。

議的現象及未知的恐懼。

　　換句話說，榮格不再將這些現象視為違反基督教中神的旨意的錯誤事實，而對於基督教以往不遺餘力想要摧毀的其他宗教，榮格也能不帶偏見地看待它們。（其實若仔細分析，就能明白基督教之所以能成為具有理性及科學性的宗教，是因為它對於那些非理性、非科學性的現象，都視為是違反神的旨意而必須極力剷除的東西。）榮格心理學所帶有的神祕色彩，就是從此時開始奠下基礎。

榮格的外祖父是個靈媒　　另外值得一提的是，榮格的外祖父不但具有牧師的身分，還是一名優秀的通靈者（靈媒）。榮格的外祖母是續弦，但據說他的外祖父再婚後，仍然保持每星期與已經過世的前妻通靈，而且通常外祖母都會與女兒（也就是榮格的母親）一起陪伴在旁，聽著外祖父與前妻靈魂交談的情形。

　　由於這種現象在榮格的成長背景中，就像日常生活般地平常，因此對榮格來說，人與靈魂之間的接觸，絕不是一個「非現實的事件」。他認為，在這個世界上，神與靈魂都是實際存在的，而能夠感受到它們的存在，正是人的心靈力量。

榮格的家譜

外祖母	祖母
奧古斯塔·普烈斯沃克·費伯 (1805~1855)	蘇菲·佛雷 (1812~1855)

外祖父	祖父
山繆·普烈斯沃克·費伯 (1799~1871)	卡爾·古斯塔夫·榮格 (1794~1864)

母親	父親
愛蜜莉·普烈斯沃克 (1848~1823)	約翰·保羅·古斯塔夫·榮格 (1842~1896)

卡爾·古斯塔夫·榮格 (1875~1961)

妹妹	哥哥
格特露德·榮格 (1884~1935)	保羅·榮格 於出生一年後死亡

榮格體驗過的各種神祕現象

榮格從親身體驗過的各種神祕現象中得到啟發。

神祕現象與人的內心世界有關

如果要用一句話來表達榮格心理學對神祕現象的看法，那就是：「神祕現象是透過人的內心能量所顯現出來的型態或狀況」。

以榮格的觀點來看，所有的神祕現象都不可能與人的內心世界無關而獨自發生。例如在無人之處或沒有人注意到的地方，是不可能突然出現鬼魂的，因為鬼魂是在人們有所感覺的情況下，才被認定它是「存在」的。

榮格曾經親自體驗過許多次不可思議的神祕現象。他在大學時代裡，參加了朋友間所組成專門研究鬼魂的「降靈會」，時間長達兩年以上。事實上在他加入這個降靈會之前，他的周遭就曾發生過幾樁不可思議的事情。

某一日，榮格與母親正在家，突然聽到家裡傳來「砰！」的一聲像爆炸似的轟然巨響，榮格深感詫異而循聲看過去時，發現家裡由堅硬材質所製的橡木桌，竟然斷裂成兩半。兩星期後，換成碗盤櫃傳來淒厲的響聲，原來是切麵包專用的鋼製刀子碎裂成一地。

當時榮格與母親對這些怪異現象，只是冷靜地認為，雖然目前不明白這些現象代表什麼意義，不過應該是在暗示些什麼吧。對於在日常生活中，早已習慣接受鬼魂存在的榮格母子來說，這些怪異現象都是因為某些原因而發生，所以沒有什麼好奇怪的。

降靈會上發生的不可思議現象

在遭遇這種怪異現象後不久，榮格即加入了降靈會。在這個降靈會上，能夠與鬼魂溝通的靈媒是一個十五歲的少女，也就是榮格的表妹海倫。

每次當她陷入宛如被催眠的狀態時，就變成另外一

個人似的，從一個平常害羞內向又不是很懂禮貌的女孩，搖身一變成為很有威嚴、也很有教養的成熟女性。不管如何解釋她的這種巨變，看起來就像是「某人的鬼魂」附身在她身上。

當時榮格還渾然未覺，其實他的表妹海倫偷偷地在暗戀他，而事後當榮格知道這件事時，對於之前所遇到的神祕現象才終於恍然大悟。「原來在參加降靈會之前，家裡所發生的怪異現象，是海倫對我的暗戀情感發揮作用所造成的。」

當時海倫的住家距離榮格的住家有四十公里之遠，而海倫對榮格的愛慕之情，跨越這段遙遠的距離，傳遞了巨大的能量到榮格家裡，這股能量使得桌子和刀子遭到物理性的破壞。

榮格後來記錄下這個降靈會上所發生的一切事情，並整理成為他的畢業論文。榮格在論文裡所下的結論是：

榮格體驗到的怪異現象

榮格聽到「砰！」的一聲爆炸巨響而轉過頭去看，結果看到堅固的橡木桌斷裂成兩半。

碗盤櫃傳來淒厲響聲，查看的結果，切麵包專用的鋼製刀子碎裂成一地。

榮格與母親

冷靜地認為，雖然目前不明白這些現象所代表的意義，不過應該是在暗示些什麼吧。

在日常生活中，早已習慣接受靈魂的存在。

附身在海倫身上的鬼魂，並非完全與海倫無關的另一個他人的靈魂，而是由海倫的潛意識創造出來、與平常的自己不同的另一個人格。

當然這不是意味海倫在演戲、作假，而是她本人所無法意識到的潛意識，化身為另一個人格表現在外的緣故。

榮格在大學時代參加降靈會的經驗，與其說是「遇到鬼」，倒不如說是「遇到活人靈魂」要來得恰當，因為是海倫潛意識裡的心靈力量化身為活人靈魂，跑到榮格的家裡去破壞桌子和刀子的緣故。也就是說，海倫的活人靈魂變成另一個不同於她的人格，出現在同一個世界裡。

佛洛伊德的書櫃事件
另一方面，榮格本人也曾經因為自己的心靈力量，發生過如海倫般的神祕事件，一般被稱為「佛洛伊德的書櫃事件」。

這是發生在一九〇九年的事，當時榮格去拜訪佛洛伊德，請教他對神祕現象的看法，但佛洛伊德的言談之中不斷否定並批評所謂的神祕現象，甚至表現出他的敵意。面對佛洛伊德的這種堅決反對態度，讓榮格心裡感到萬分焦躁。

結果沒多久，榮格感到自己的橫膈膜開始出現一股灼熱感，並在同時聽到了「砰！」的一聲轟然巨響，由於響聲來自書櫃，因此佛洛伊德和榮格都以為是書櫃倒了下來，嚇了他們一大跳。

但是沒想到書櫃根本沒有倒下來，榮格立刻確信剛剛所發生的一幕，正是自己的心靈力量所引起，也就是他的內心世界被「外在化」所導致。但是不論榮格如何說明，佛洛伊德就是不願相信，只是不斷地笑著搖頭說：「哪有可能會有這種蠢事？」因此榮格不氣餒地當場說了一句：「為了證明我的看法，我敢預言剛剛的情形會再發生一次。」

　　果不其然，相同的事情又再度上演了一次，書櫃又傳來「砰！」的一聲轟然巨響。佛洛伊德對於自己眼前所發生的現象，實在無法提出合理的解釋，只能愣在當場不知所措，但對於榮格來說，這是完全可以理解的現象。

　　因為潛藏在榮格內心裡對佛洛伊德的批評，此時成為一股能量，想對支撐著「佛洛伊德的智慧與理論」的書櫃（書籍），發揮破壞作用的緣故，才會引發這種神祕現象。

　　榮格透過自己，揭示了人的內心擁有直接牽動現實世界的一股能量。

佛洛伊德的書櫃事件

1909 年　當佛洛伊德正在與榮格談話時……

（佛洛伊德）否定並批評神祕現象

（榮格）對佛洛伊德的態度感到萬分焦躁
→橫隔膜開始感到一股灼熱感

書櫃傳來「砰！」的一聲轟然巨響

（榮格）確信是自己的心靈力量所引起的

（佛洛伊德）認為「哪有可能會有這種蠢事」而一笑置之

（榮格）「我可以讓剛剛的情形再發生一次」

書櫃又傳來「砰！」的一聲轟然巨響

（佛洛伊德）愣在當場！「……」

榮格如何看待鬼魂？

曾經親眼目睹過好幾次鬼魂的榮格，早已認同它們的存在。

遇見一群鬼魂的榮格

靈魂究竟是什麼？或許可以做如下解釋：靈魂就是人在內心世界裡的那股能量離開肉體後，獨自出現在這個世界上的東西。

所以先前所提到的「佛洛伊德的書櫃事件」，或許可以解釋為，那是榮格自己變成靈魂所引起的現象，因為那確實是榮格的心靈力量離開榮格的肉體，造成書櫃發出巨響的關係。那麼對於我們一般所定義的鬼魂，也就是出現在這個世界上死者的靈魂，榮格是否也同樣認同呢？

其實榮格曾在中年時期，明確地說過他遇到了鬼。那是發生在一九一六年，榮格四十一歲時。這個時期的榮格，正好遇到人生的瓶頸，不論公事還是私事都碰到許多尚待解決的問題。某一日，家中的門鈴突然鈴聲大作，接著一群素未謀面的人蜂擁而入，原來是一群來歷不明的鬼魂。

事後榮格敘述當時的情況，只覺得家中的空氣突然一片渾濁，他也因為受到驚嚇而全身發抖，但還是問了這些鬼魂：「你們到我家裡究竟想幹什麼？」結果所有的鬼魂竟然像在大合唱似的、異口同聲地回答榮格：「我們是從耶路撒冷回來的，因為我們在那裡找不到想要的東西。」

榮格乍聽之下，趕緊拿出紙筆記錄這件事，他整整花了三天的時間，將整件事情寫成一本書之後，這群鬼魂便煙消雲散了。榮格所整理出來的這本書，後來定名為《對死者的七次佈道詞》。

由潛意識所創造出來的鬼魂

這群鬼魂會不會是榮格所看見的幻象呢？然而事情並非如此單純，因為連榮格的家人都感受到了這群鬼魂的存在。榮格的女兒在家親眼目睹到鬼魂的身形，而榮格的

兒子則説在夢中看見這群鬼魂，所以説，整個家裡並不是只有榮格一個人感受到「有東西存在家裡」。

那麼這群自稱「從耶路撒冷回來的鬼魂」，是否真的就是一般所説的「死者」呢？事實上可以説是，也可以説不是。

因為它們都是榮格的潛意識所創造出來的產物。強大的潛意識力量，可以化為具體的姿態，驅動現實世界裡的東西，而發生物理上的作用。換句話説，當時榮格的潛意識力量，幻化成了一群鬼魂出現，所以這是榮格幻想出來的產物但本人卻不自知。

遇見鬼魂的榮格

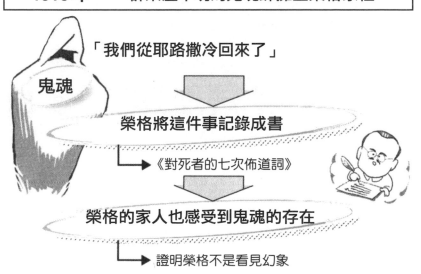

1916 年　　一群來歷不明的鬼魂蜂擁至榮格家裡

鬼魂

「我們從耶路撒冷回來了」

榮格將這件事記錄成書

→《對死者的七次佈道詞》

榮格的家人也感受到鬼魂的存在

→ 證明榮格不是看見幻象

幻想是人類在進行思考時的一種東西，也就是「意識所創造出來的產物」，所以人們能夠察覺到這是自己的幻想之物，但是「潛意識所創造出來的產物」，人們卻無法察覺到這也是自己創造出來的東西。先前已經說明過了，潛意識是指當事者本人也無法實際察覺到的「內心世界裡的獨立部分」。

所以換句話說，這些鬼魂是獨自存在於榮格的意識之外，對於榮格來說，根本是一群「不相關的他人」。

「從耶路撒冷回來的鬼魂」的真面目　即使這樣說明，或許有人還是會有此疑問：「原來如此，我終於懂了，但是既然這些『從耶路撒冷回來的鬼魂』其實是來自榮格內心世界的話，那麼就不是我們以為的死者亡魂了吧？」

對於這個疑問，榮格心理學如此解釋：「不是的，即使如此，那些鬼魂還是一群死者的顯現」。

根據榮格的說法，這群鬼魂其實是榮格心中的「集體潛意識」所化身的姿態。換言之，以往眾多死者們的心靈力量，潛藏在每個人內心世界裡，而形成全人類共通的集體潛意識。

所以說「從耶路撒冷回來的鬼魂」就是潛藏在榮格內心世界裡、且是超越榮格個人人生而與往昔有所連結的全人類共通集體潛意識的化身。這個化身選在榮格出現人生危機的時期顯現，為的是想指引榮格一條道路。從這個意義來看，它們還是「已死人們的鬼魂」。

集體潛意識

集體潛意識

- 全人類共通的心理要素。
  └─▶ 不單純只是個人的人生

- 如同人類內心世界的「遺傳因子」，被
  代代相傳下來。

榮格的鬼魂體驗
  └─▶ 集體潛意識現身，解救了榮格的
      人生危機。

集體潛意識

榮格如何看待「算命」?

榮格對東方思想的奧祕深感共鳴。

榮格對算命充滿興趣的理由

即使已經進入了二十一世紀,在街上還是可以看到傳統算命師的存在,他們用雙手搓揉一大束竹棒,發出嘩啦嘩啦的響聲幫人算命,也就是所謂的「卜卦」。

對於這種「嘩啦嘩啦的竹棒算命」,榮格曾經認真學習過。順便一提,這種算命用的竹棒,正式名稱叫「筮」,早期原本是取下蓍草的莖桿,將五十根束成一捆做成的,後來才改用竹子削成約四十公分左右的細長竹棒,因此稱為「筮竹(竹籤卦)」。這種利用筮竹算命的「卜卦」法,起源於古代中國並傳至日本,是東方特有的算命法。

榮格在四十五歲時(一九二〇年)開始對易經卜卦產生興趣。那一年他到北非等地旅行,而這一趟旅程讓榮格得以從異國文化的角度,重新觀察被基督教文化圈所籠罩的歐洲。並且透過這一次的旅行,榮格實際體驗到從基督教觀點解放的經驗,更因此對東方、中國的思想及宗教產生濃厚的興趣。

對東方人的智慧感到興趣

榮格學習《易經》後,確信這是了解現世真實的方法,也認為這是東方人了不起的智慧結晶。

實際上,榮格曾經憑藉著《易經》,替自己原本所預定的工作內容占卜吉凶,並將所得的眾多卜卦結果做為參考。當時他摘下在自己住處旁河岸邊的蘆葦,把蘆葦的莖桿當成筮竹來卜卦,據說他以此占卜了好幾個小時。

之後榮格更將這種易經卜卦應用在病患的治療上。例如他為一個正在猶豫是否該結婚的男性病患卜卦其婚後的情形,結果出現凶兆,因此他反對這名男性病患結婚。

對於他人的人生分歧點，榮格都能利用卜卦結果來給予建議，可見榮格對於《易經》的意義，確實賦予相當高的評價。

究竟榮格為何會如此相信易經卜卦？而算命又是什麼東西？

算命其實是從在科學觀點來看毫無相關的事情或跡象當中，試圖找出之間有所關聯的方法。假設有一個用來算命的碗破了，所得到的卜卦結果認為，這個碗的所有者將遭遇不測。在這個例子裡，「碗破了的事實」與「人會遭遇不測的事實」，這兩者之間可說是毫無任何科學上的關聯性。但是卜卦的結果卻斷定它們之間有所關聯，這就是《易經》的宇宙觀、世界觀。

榮格與算命

1920 年
榮格到北非旅行

↓

從基督教中得到解脱
└ 對東方、中國的思想感到興趣

↓

學習易經卜卦，
並用筮竹實際卜卦算命

換句話說，《易經》先設定了一個前提：「現世裡的各種事情、跡象之間，有著連科學都無法說明清楚的關係」，而易經卜卦就是找出這些關聯性的方法。雖然卜卦中可能沒有探討到，為何這些事件之間有所關聯，但對於它們彼此聯繫的事實，可透過卜卦而得知。

這種前提假設，對於西方（新教）的理性主義宇宙觀來說，根本是不可能存在的。不過榮格對於易經卜卦這種萬物運行皆有其道理的基本宇宙觀，卻深有同感，也因此他對於確立這種宇宙觀的東方思想深感共鳴。

東西方思想的大不同

榮格對東西方思想的不同，做了如下說明：「西方思想喜歡將事物做分類或做選擇，但是東方思想卻將世界視為一個整體。」

也就是說，榮格認為西方思想習慣將所有發生的各種事情，一個一個地分別看待，也正因為太過於專注個別所發生的事件內容，因此無法站在較遠的地方，同時觀察其他所發生的事情，只能找出比較接近的事件之間的關聯性。但是東方思想因為將整個世界視為一個整體，對於距離較遠的各事件之間的關聯性，也比較能夠感受得到。

而對於西方與東方思想中截然不同的宇宙觀，榮格都能平等視之，並認同東西方思想各自所持有的意義，進而接受兩者的內容。只是這種東方特有的宇宙觀，始終很難受到西方世界的認同。

榮格曾經收到一封筆友的來信，信中與他商量「想要設立《易經》的研究室」一事，榮格給予這位筆友的建議是：「在西方人的心中，對東方的宇宙觀是充滿嚴重偏見與誤解的，如果想要避開這個麻煩的話，當你在西方人面前談論相關問題時，恐怕還是得包上一層『科學的外衣』比較好。」

儘管如此，榮格仍然確信《易經》的內容能夠展現世界的真實，因為他認為這個世界的種種事件之間，存在

著科學所無法說明的關聯性。而最重要的是，人的內心世界，確實能夠感受到這種關聯性。

對於榮格來說，人的內心裡擁有超越科學的偉大力量。之後榮格更將《易經》的這種宇宙觀，也就是「科學所無法說明的現世關係」，融會貫通在他獨自所發展的心理學領域裡，稱之為「同時性」的理論。

何謂易經卜卦？

碗破了 → 會遭遇不測

算命　其中一定有什麼關聯性　← → 科學　毫無任何因果關係

這個世界上所發生的種種事情、跡象之間，存在著科學所無法說明的關聯性。

試圖找出這種關聯性的就是⋯⋯

就是這個！

易經卜卦

什麼是有意義的巧合＝同時性？

榮格認為即使是科學上無法解釋的事件，也都有它的關聯性。

因果關係與巧合

假設有一個事件Ａ發生了，然後又造成另一個事件Ｂ的發生。此時事件Ａ為原因，事件Ｂ則為結果，也就是代表事件Ａ與事件Ｂ具有「因果關係」。

例如：「因為豪雨造成水位增高」，結果「橋就崩塌了」。從社會事件到自然現象、甚至是個人的體驗等等，像這種事件或現象始終不斷發生。所以可以說在這個世界上是存在著因果關係的，也就是種種事情、跡象之間的關聯性。

當然這種因果關係，也可能是人為因素所造成的。例如：「非常努力地在準備考試」，結果「考出了很高的分數」。那麼以下的這兩件事之間，是否也可以稱為因果關係呢？

「有一個人夢見橋崩塌了而感到異常不安，因此他盡量不再過橋了。」

「真的發生了橋崩塌的事件。」

或許有人會質疑：「這哪算什麼因果關係啊！」既然這不稱之為因果關係，那麼這兩個事件之間的關係究竟是什麼？以科學性、合理性的角度來回答，可能會說：「那不過是一個巧合而已。」

不過即使如此，夢見橋崩塌的這個人一定還是會認為：「總覺得自己所做的夢和橋的崩塌事故，兩者之間好像有什麼關聯……」，而感到很不可思議吧。

同時性就是有意義的巧合

對於夢境的內容與實際發生的事實，榮格認為它們之間確實有關係，也因此做這個夢的當事者，才會感受到其中應該有什麼關聯，這是很正常的反應。

當然這種關係，絕對不是科學上的因果關係，因為再怎麼說，也不可能是因為夢見了，所以橋才崩塌了。若從這個例子來看，其因果關係應該是「因為豪雨造成水位增高的緣故，才導致橋崩塌」；或是「因為當初偷工減料的緣故，才導致橋崩塌」，也就是因為事實的原因才引起的結果。

但是對於做這個夢的當事者來說，自己的夢和橋崩塌的事故之間一定有什麼關聯。換句話說，這兩件事對當事者而言，即使只是巧合，也應該是具有某種意義的巧合。

榮格將這種「有意義的巧合」，稱為「Synchronicity」，中文翻譯為「同時性」（或共時性）。同時性與因果關係是完全不同的概念，而榮格主張這個世界上充滿了這種同時性現象。

榮格認為，人類是無法透過科學方式來理解同時

何謂「同時性」

```
┌──────────────┐        ┌──────────────┐
│  夢見橋崩塌了  │  ⇒    │  橋真的崩塌了  │
└──────────────┘        └──────────────┘
```

有意義的巧合

＝

同時性 ⇒ 卜卦就是了解這種同時性的方法

● 科學無法說明
● 但是能夠親身體驗→「人的心靈力量」

性，但是透過「人的心靈力量」卻能實際體驗到這種同時性。卜卦就是了解這種同時性的方法。

榮格曾經舉了一個例子，說明他親身體驗過同時性的狀況。當時他正在為一名女性病患進行心理治療，請這名女病患開始述說她所做的夢境內容，當她說到自己在夢中接過了金龜子時，診療室的窗外突然發出一陣悉悉嗦嗦的聲音，於是榮格打開窗戶查看，果真有一隻金龜子飛了進來。照說金龜子和其他昆蟲一樣，都是喜歡飛往明亮的地方，但是這隻金龜子反而往比外面還要陰暗的室內直飛過來。

目睹此情形的這名女病患立刻有所感受，而且原本是不折不扣理性主義者的她，之後的態度變得非常軟化，也能完全接受榮格對她的治療了。

同時性無法造成事件的「發生」

榮格認為，這種同時性的體驗，具有能夠帶領人的內心世界走往良好方向的力量。不過在此必須提醒大家一個非常重要的觀念，也是先前所說明過的，同時性並不是指科學上的因果關係。

一般人對於科學現象，不但能夠合理地理解它，甚至能夠控制它的發生與否，但是同時性原本就是與科學上的因果關係不同的原理，因此人們無法掌控它的發生。

例如要使得「考出高分」的事實發生，只要做到「非常努力地準備」即可，這就是掌控了因果關係的緣故。那麼「拿到一個祈求高分的護身符」和「考出高分」之間的關聯，又是什麼呢？若這兩件事在當事者的內心裡存在著某種關聯性的話，可以算是一種同時性，但絕對不是所謂的因果關係。

因此如果這時候，有人對你說：「只要買了這個護身符，保證你一定考高分」，就等於是在告訴你：「我可以掌控同時性，就像掌控因果關係一樣」。這當然是一種虛謊的言詞，與詐欺沒有兩樣，因為同時性是沒有辦法讓人掌控的。

**卜卦是為
了解同時
性而存在**

卜卦的目的完全只在於了解同時性而已，所以絕對不會向人揭示：「如何讓只對當事者有所好處的同時性發生」等虛假的方法。

更進一步來說，要體驗同時性的發生，最重要的在於體驗者內心的感受為何，因為要說明同時性中有關聯的兩個事件時，並非在於「這些事情發生了」，而是在於「實際感受到這些事情發生了」。

換句話說，同時性是透過人的心靈力量而顯現出來，所以像護身符這種東西，並非「同時性現象裡的主角」，如果沒有認清這個觀念的話，很容易被一些號稱會顯靈之類的不法商人所矇騙。

反過來說，如果認為同時性只是人的一種迷思、妄想，而只想用單純的科學判斷來評論同時性的話，也必須三思，因為同時性是確實存在的現象。

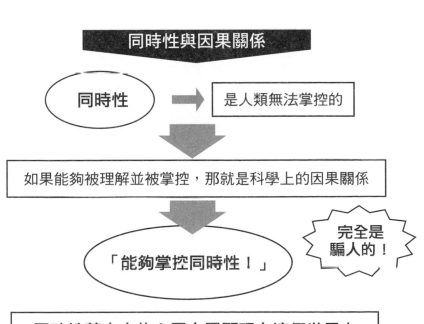

209

榮格心理學與煉金術的密切關係

榮格認為煉金術並非古代的化學，而是古代的心理學。

自古以來就有的煉金術

最能表現出榮格心理學的神祕性，首推榮格心理學與「煉金術」之間的關係。

「煉金術」是從古代一直到中世紀，都不曾間斷過的另類化學研究。它起源於古埃及，蓬勃發展於阿拉伯半島，然後在中世紀時，透過十字軍的遠征，被傳播到歐洲去。換句話說，煉金術的起源並不是來自於基督教的思想。

煉金術如同字面上的意義一般，是一門專門在研究如何讓物質轉變成黃金的學問，因此在煉金術裡，常常會將各種物質拿來冶煉、熔化或是蒸餾等，不斷重複著各種奇妙的化學工作。

若以今日的化學觀點來分析，想要將某種物質變成黃金，當然是一件「絕對不可能」的任務，但是煉金術卻認為這是可以辦得到的，並以辦得到為前提，不斷努力拿各種物質做研究，更因此持續了幾百年的時間而不曾歇過。

榮格與煉金術的邂逅

五十歲之後的榮格，已經非常確信人的潛意識裡，擁有深不可測且強大又偉大的力量，因此榮格不禁懷疑：在他發現「潛意識」存在之前，整個人類歷史當中，難道就沒有更早針對潛意識所做的研究嗎？是不是曾經也有前輩們做過類似的研究呢？

為此榮格開始研究古代的各種歷史，終於發現了早在他之前就已經存在的一項研究，那就是「煉金術」。

榮格首次知道煉金術時，對它的看法是：「這麼奇怪的東西，誰看得懂！」因此榮格沒有仔細地閱讀相關文

獻，只是草草地將它丟置一旁。不過這也是可以理解的舉動，畢竟要將某個物質轉變成黃金，不管如何思考，在化學上都是一件不可能辦得到的事情。

　　不過當榮格慢慢地再進一步接觸煉金術之後，才突然恍然大悟，發現煉金術其實並不是真的想要將某些物質轉變成黃金，而是將對人的內心世界的研究，透過物質的研究做個比喻。於是榮格得到了一個結論，也就是煉金術並非古代的化學，而是古代的心理學。

　　這是一個非常大膽的解釋，但也因為榮格的這番解釋，原本已被近代忽視的煉金術，又帶給現代人巨大的啟發。

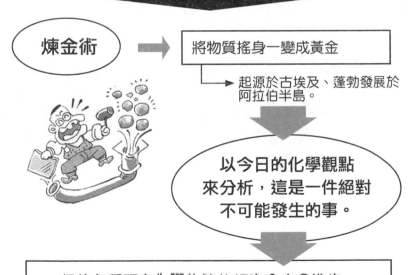

何謂「煉金術」

煉金術 ➡ 將物質搖身一變成黃金

➤ 起源於古埃及、蓬勃發展於阿拉伯半島。

以今日的化學觀點來分析，這是一件絕對不可能發生的事。

促使各種研究化學物質的技術愈來愈進步。

煉金術中不可或缺的「魔法石」

在煉金術裡，要將物質轉變成黃金時，需要一種特別的物質做為催化劑（媒介），這種催化劑就叫做「魔法石」。只有透過這種魔法石對各種物質進行化學上的催化作用，才有可能將物質轉變成黃金。因此研究煉金術的最終目的，也可以說就是在找出這種魔法石。

榮格從中領悟出，所謂的「魔法石」指的就是當意識和潛意識合而為一，完成一個「完整的內心世界」時的表徵，而煉金術裡所說的「為創造出魔法石所需花費的辛勞」，就是「人為了真正了解什麼才是人的內心世界所需花費的辛勞」。

在煉金術的文獻裡，有一段關於蒸餾器裡出現了怪物的記載，榮格認為這個怪物，即是指潛藏在人心裡的絕望和慾望等物，而與怪物邂逅的過程，則是代表著探索人的內心世界的過程。

榮格就是如此將複雜又充滿奇妙比喻的煉金術內容，拿來對照自己的心理學理論，因而解開了煉金術的奧妙理論。

《榮格全集》有三分之一是煉金術

一九四四年，也就是榮格六十九歲的時候，他出版了一本名為《心理學與煉金術》的書籍，之後更不斷地發表他對煉金術的研究成果，所以最後在他的《榮格全集》論文裡，竟然有多達三分之一的內容，都是在探討煉金術。

榮格認為，所謂的煉金術，就是將人心與物質一起研究的古代科學，因此它的內容，猶如今日的化學研究加上心理學的研究。但是人類卻在不知不覺中，將科學偏向只有物質上的研究，使得好不容易累積而來對人心的研究，漸漸地被人們所遺忘。也因此現代人比古代人更不懂得人的內心世界。

　　榮格心理學裡的神祕性，絕不單純只是一個可疑又詭譎的非現實性妄言。而是為了說明近代基督教思想裡，被理性主義、科學萬能主義一向所捨棄、或所忽視的，關於研究人的內心真實情況的必要要素。

榮格對煉金術的解釋

煉金術是一門將對人的內心世界的研究，
以物質研究來做比喻的學問。

魔法石	＝	將物質轉變成黃金時所需的催化劑。榮格將它解釋為「意識與潛意識合而為一，完成一個完整內心世界時的表徵」。
為創造魔法石所需的辛勞	＝	解釋為「人為了真正了解什麼才是人的內心世界所需的辛勞」。

這就是一個完整人心的樣子！

榮格藉由幽浮所思考的理論

幽浮是現代人為了補償內心的不安，由潛意識創造出來的東西。

關注幽浮事件的榮格

榮格在晚年的最後一段時間裡，開始認真研究另一個神祕現象。那就是飛在空中的圓形飛行船——幽浮。

榮格的晚年也就是一九五〇年代後期，正好是世界各地都在盛傳目睹幽浮事件發生的時期。當時不斷有人主張親眼看見了圓形飛行船，以奇妙的軌道在天空裡飛行。榮格對於這些幽浮的目擊情報感到非常有興趣，不僅剪下刊載目睹幽浮的新聞和雜誌報導，只要是任何與幽浮相關話題的資訊，他都非常積極地蒐集。

不過榮格對幽浮事件的關注焦點和一般人不同，他並從中思考幽浮所引起的騷動。對於為何人們會看見幽浮的疑惑，一般人可能會認為，因為幽浮真的在天空裡飛翔的關係。接著還會對幽浮究竟從何而來？究竟是誰在幽浮裡面？等問題感到興趣，甚至思考起外星人是否存在，對未知的事物充滿了幻想與好奇。

然而榮格的思考模式與眾不同。他不認為人們會看見幽浮，就真的是因為幽浮在天空裡飛翔的關係。對他來說，幽浮是否真的是一個飛翔在天空裡的「物體」，其實一點也不重要，因為榮格只在意「人們看見了幽浮」的這個事實，並認為其中才是蘊含深奧意義的關鍵所在。

榮格認為，在幽浮的目擊事件裡，包含了受現代人潛意識力量驅動的因素在內。

幽浮是潛意識所創造的東西

榮格開始思考：幽浮會不會是人們的潛意識所創造出來的東西？就好像當年他遇到人生瓶頸時，他的潛意識創造出了一群所謂「從耶路撒冷回來的鬼魂」一樣。或者幽浮真的是從宇宙飛來的東西也說不定，即使如此，也絕

對不是無緣無故地從宇宙的另一端,剛好想要飛到地球上,而是受到現代人的潛意識所驅動,把它們呼喚過來的。

從榮格的這些想法當中可以清楚明白,他並不是主張:「幽浮只是人們的一個妄想而已」,因為榮格沒有否定幽浮的存在,只是認為幽浮的存在並非與現代人的潛意識毫無相關。畢竟對於榮格而言,人的潛意識有著能夠實際驅動這個世界的力量。

之後榮格更進一步深入思考,為何現代人的潛意識會創造出幽浮呢?或者是將它們呼喚過來呢?會不會是為

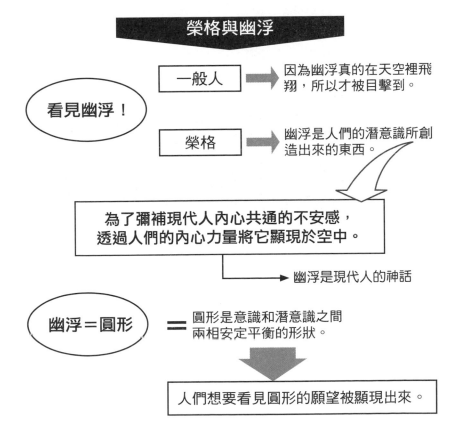

了彌補現代人內心所共通擁有的「不安」，所以人們的潛意識才將它顯現在天空？

當時正值第二次世界大戰結束後的冷戰時期，並進入國際間競相發展核子武器的時代。處在這樣時代下的人們不論是誰，總是抱持著一股漠然的不安情緒，想著：「說不定今天世界就要毀滅了……」。

於是榮格開始思考：會不會是因為人們內心裡出現了這種強烈的不安「意識」，因此「潛意識」為了彌補這種不安，挺身而出以取得整體內心世界的平衡，又因為這股潛意識的驅動力量，給予現實世界過度的「影響」，才造成人們「看見幽浮的這個事實」？換句話說，幽浮的出現，會不會就是為了回應人們內心裡那股想要從不安當中被解放的需求，才被創造出來的？

也因此榮格將幽浮稱為「現代版神話」。因為起源於古代的神話故事，其實就是人類共通的集體潛意識以「故事型態」顯現出來之故，所以榮格認為，幽浮也是在超越了每個現代人的個人情況上，由人類共通的不安感所共同創造出來、或是呼喚而來的東西。

另外榮格還注意到一般被目擊到的幽浮，大部分都是呈現圓形的形狀，這一點也讓榮格更加確認自己上述的主張。

他認為，如同佛教畫中顯現人心整體模樣的「曼陀羅」是以「圓形」方式被描繪一般，圓形正是意識與潛意識之間兩相安定平衡的形狀象徵，也是人們祈求獲得內心安定時，心中所描繪出來的圖形。

因此幽浮會呈現「圓盤」的形狀，是因為隱藏了人們的內心都想要看見圓形的願望，而在集合了眾人的潛意識力量之後，為了順應人們的願望才引導出圓形的形狀。所以榮格將幽浮視為「現代版的曼陀羅」。

　　直到一九五八年，高齡八十三歲的榮格將這些對幽浮的研究結果，出版為《現代版神話─幽浮》一書。不過當時的學者與媒體記者幾乎都只將「幽浮事件」視為一個荒謬的無稽之談，因此對於榮格的研究成果採取批評的態度，嘲笑他竟然會把這種愚蠢至極的話題當真，甚至拿來研究。

　　這些批評或是嘲笑榮格的學者專家們，其實根本都不曾仔細閱讀過榮格的論文內容，因此不了解榮格的論點所在，而對他產生誤解。

　　或許哪一天，當外星人真的駕駛幽浮現身地球上時，也許外星人會感嘆，原來真正了解他們為何要不辭辛勞地造訪地球的人，只有一位叫做榮格的地球人也說不定呢！

幽浮為何是圓形的

圓形是人們祈求獲得內心安定時，心中所描繪出來的圖形。

圍繞在榮格身邊的女性們

榮格首次遇到後來成為他終生伴侶的妻子艾瑪，是在一八九六年，當時榮格二十一歲，而艾瑪年僅十四歲。

那時榮格還是學生，而艾瑪則是榮格母親友人的女兒。據說有一次榮格因故到艾瑪家時，才看到艾瑪的第一眼，就直覺到：「這名女孩將來會是我的妻子」。

稱職扮演賢妻良母的艾瑪

榮格對於自己的這個直覺，似乎從來不曾動搖過，他一直等著艾瑪長大成人，終於在兩人認識的第六年裡，榮格正式向艾瑪求婚了。當時艾瑪的娘家在經營工廠，家境富裕，而榮格只是一個如同上班族般的窮醫生。雖然兩人之間的經濟條件相去甚遠，不過對於艾瑪而言，或許應該說對榮格而言，一點也不認為這是障礙。後來他們在一九〇三年時結婚了，當時榮格二十八歲。

婚後，艾瑪在現實生活中一路扶持榮格，就這一點來說，她的貢獻極大。由於艾瑪結婚時帶來不少的嫁妝，因此榮格在婚後能夠過著還算寬裕的生活。此外，艾瑪把家裡的一切打理得很好，即使是在養育兒女方面，也能教養與關愛並重，也就是說，艾瑪不論是身為妻子還是母親，都充分地盡到職責。正因為有艾瑪這樣的賢內助，榮格才能在家庭生活方面完全無後顧之憂。

榮格在與佛洛伊德決裂之後，陷入了人生的低潮期，而在這一段黑暗時期裡，艾瑪從來不曾對榮格抱怨過半句，只是默默地守護榮格的生活。所以說如果沒有艾瑪的支持，或許今天根本不會存在所謂的榮格心理學了。

但是即使艾瑪如此地支持榮格，在榮格的一生裡，仍然

和其他的女性發生了關係。

病患莎賓娜成為榮格的第一位情人

對女性而言，榮格是一位深具吸引力與魅力的男性，畢竟他是擅長於探索人心的學者，同時又能夠控制自己潛意識裡的黑暗面，因此與人相處時，榮格總是表現出開朗活潑的一面，也能理解他人的心情，自然能獲得眾人對他的欣賞。

也因為如此，許多求助於榮格的女性病患，幾乎都不願離開他的身邊，而榮格也不太會拒絕她們。不過對榮格來說，他與這些女性的關係是不同於和艾瑪之間的愛情。

在榮格的愛人之中，第一位出現的是莎賓娜‧史碧爾埃。她在一九○四年時因為接受榮格的心理治療，而與榮格過從甚密。莎賓娜比榮格小十歲，後來還成為榮格的學生，並留下珍貴的研究成果。

她因為對於和榮格之間的愛情關係感到煩惱，而去求助佛洛伊德，佛洛伊德還為此寫信去責備榮格。從這件事來看，佛洛伊德確實對榮格擺出了一副父親的架子。

莎賓娜後來返回故鄉俄羅斯，但是傳聞她最後成為史達林思想統治下的犧牲者，並因此喪命。莎賓娜的悲慘命運，據說帶給榮格很大的衝擊，讓榮格始終感到自責。

成為榮格精神支柱的托妮

然而在榮格的愛人當中，最重要的莫過於托妮‧沃爾夫這名女性。

托妮也是榮格的女病患，她因為父親的驟逝而罹患心

病，並在一九一一年首次接受榮格的治療，當時榮格三十六歲，托妮則是二十三歲。

在治療過程中，榮格發現賦予托妮在工作上的目標就能拯救她時，榮格立刻雇用她為助手，讓她在自己身邊工作。這個治療方法果然奏效，後來托妮也成為一位優秀的心理學家。

不過，托妮並非屬於那種人見人愛型的溫柔女性，她完全不具親和力，這一點正好和艾瑪形成強烈對比。

即使如此，托妮卻逐漸成為榮格在精神上最能夠依賴的夥伴。因為在心理學領域裡，她是最能理解榮格思想的人，同時她能給予榮格最適切的建議。像托妮這樣一位才華傑出的女性，可以說她是支撐著「榮格心理」的重要支柱。

共同支持榮格的兩位女性

雖然榮格對兩人的關係感到苦惱，最後還是決定讓托妮住進了自己家裡，形成妻子艾瑪與情人托妮共處一個屋簷下的尷尬局面，但榮格認為，這是對自己而言必須採取的行為。

艾瑪當然為此感到痛苦，但最後她還是支持榮格的決定，並承認托妮是榮格的愛人。另一方面，托妮很清楚自己的位置，也認同艾瑪身為榮格妻子的地位，因此她努力不去破壞這個家庭。看樣子不管是艾瑪還是托妮，恐怕都過得相當痛苦。

然而，艾瑪之後也曾表示：「我的丈夫從來不曾為了要給托妮什麼東西，而從我身邊奪去給她，反倒是每當他給了托妮某些東西的時候，他就會加倍地給我比托妮還多的東

西。」

　　雖然如此，艾瑪和托妮當時的處境畢竟都很艱辛，就這
一點來看，不免讓人想要責備榮格這個男人。

　　回顧這段過去，事實上艾瑪和托妮這兩位女性，除了在
一旁共同支持榮格之外，同時也支撐了榮格心理學這門偉大
學科領域的研究，而她們兩位對此確實有這樣的自覺與自
豪。

　　後來，托妮在一九五三年過世，而艾瑪逝於一九五五
年，兩人都比榮格早走一步，榮格則是在一九六一年時過
世。

日語外來語詞條翻譯對照表

中譯	日文	原文	頁碼
1 劃			
一號人格	第一の人格	Personality No. 1	48
2 劃			
二號人格	第二の人格	Personality No. 2	48
人格面具	ペルソナ	persona	129, 148, 152
3 劃			
大母神	グレートマザー	Great Mother	128
山繆・普烈斯沃克・費伯	ザイユル・プライスヴィルク＝ファーベル	Samuel Preiswerk Faber	193
4 劃			
內向型（內傾性格）	内向性	introversion	88, 92, 100
內傾直覺型	内向的直観タイプ	Introvert Intuition	100, 108
內傾思維型	内向的思考タイプ	Introvert Thinking	100, 102
內傾情感型	内向的感情タイプ	Introvert Feeling	100, 104
內傾感覺型	内向的感覚タイプ	Introvert Sensation	100, 106
太陽教（或稱密斯拉教）	ミトラ教	Mithraism	74
《心理學與煉金術》	『心理学錬金術と』	Psychology and Alchemy	212
《心理類型》	『タイプ論』	Psychological Types	121
心理類型理論（類型論）	タイプ論	Typology	100

中譯	日文	原文	頁碼
5 劃			
北非	北アフリカ	North Africa	202
卡爾·古斯塔夫·榮格	カール・グスタフ・ユング	Carl Gustav Jung	18~221
史達林	スターリン	Stalin	219
外向型（外傾性格）	外向性	extroversion	88, 92, 100
外傾直覺型	外向的直観タイプ	Extrovert Intuition	100, 108
外傾思維型	外向的思考タイプ	Extrovert Thinking	100, 102
外傾情感型	外向的感情タイプ	Extrovert Feeling	100, 104
外傾感覺型	外向的感覚タイプ	Extrovert Sensation	100, 106
本我	自己	self	164, 168, 172
6 劃			
伊斯蘭教	イスラム	Islam	184
同時性（共時性）	シンクロニシティ	synchronicity	205, 206
字詞聯想測驗法	『言語連想検査』	Jung's Word Association test	36, 40, 112, 118
《年鑑》	『年報』	Jahrbuch	119
托妮·沃爾夫	トーニー・ヴォルフ	Toni Wolff	219
自由聯想法	連想法	free association	60
自我	自我	ego	164, 168, 172
艾瑪·榮格	エンマ・ユング	Emma Jung	144, 218

中譯	日文	原文	頁碼
7 劃			
佛洛伊德	ジグムント・フロイト	Sigmund Freud	60, 68, 80, 118, 196, 219
佛路諾伊爾	フルールノア	Fleure Noir	56
伯戈爾茨利	ブルクヘルツリ	Burghölzli Mental Hospital	40, 74, 112, 118
克拉克大學	クラーク	Clark University	38
克雷・茲邁	エルンスト・クレッチマー	Ernst Kretschmer	176
希臘	ギリシア	Graecia (Greece)	74
投射	投影	projection	160, 168
8 劃			
亞利安人	アーリア	Aryan	121
《性學三論》	『性理論』	Three Essays on the Theory of Sexuality (Drei Abhandlungen zur Sexualtheorie)	119
波斯	ペルシア	Persia	74
法國	フランス	France	78
阿尼姆斯	アニムス	animus	66, 128, 132, 136, 144
阿尼瑪	アニマ	anima	66, 128, 132, 136, 140
阿拉伯	アラブ	Arab	184
阿道夫・希特勒	ヒトラー	Adolf Hitler	176
阿爾卑斯山	アルプス	Alps	76
保羅・榮格	パウル・ユング	Paul Jung	193
9 劃			

中譯	日文	原文	頁碼
俄國（俄羅斯）	ロシア	Russian	76, 219
柏林	ベルリン	Berlin	178
約翰・保羅・古斯塔夫・榮格	ヨハン・パウル・アヒレス・ユング	Johann Paul Achilles Jung	193
美國	アメリカ	America	183
耶路撒冷	エルサレム	Jerusalem	198
若望・保祿二世	ヨハネ・パウロ二世	Ioannes Paulus II	142
英國	イギリス	England	76
10 劃			
個人潛意識	個人的無意識	personal unconscious	72, 82, 126, 164
個體化	個性化	individuation	172
原型	元型	archetype	124, 128, 132, 136, 140, 144, 148, 152, 156, 160, 164, 168, 172
格特露德・榮格	ゲルトルート・ユング	Gertrud Jung	193
海倫	ヘレーネ	Helene	194
神祕學	オカルト	occult	56, 182
納粹	ナチス	Nazis	176
11 劃			
馬蒂阿斯・戈林	M・H・ゲーリング	Mathias Hermann Göring	177
曼陀羅	マンダラ	Mandala	44, 167, 216

中譯	日文	原文	頁碼
國際精神分析學會	国際精神分析学会	International Psychoanalytic Association, IPA	119
國際精神療法學會	国際精神療法学会	General Medical Association for Psychotherapy	176
基督教	キリスト	Christ	158, 182, 186, 190, 210
情結	コンプレックス	complex	110, 114, 160, 168
深層心理學	深層心理学	depth psychology	60
理性主義	合理主義	rationalism	204
理法	ロゴス	Logos	134, 146
《現代版神話—幽浮》	『現代の神話—空飛ぶ円盤』	Flying Saucers: A Modern Myth	217
莎賓娜・史碧爾埃	ザビーナ・シュピールライン	Sabina Spielrein	219
荷蘭	オランダ	Holland	78
造景	ジオラマ	diorama	33, 45
陰影	シャドー	shadow	128, 156, 160
12 劃			
智慧老人	ワイズ・オールドマン	wise old man	128, 130
猶太人	ユダヤ人	Jew	119, 176
萊茵河	ライン川	the Rhine	78
《診斷的聯想研究》	『診断的連想研究』	On the Psychological Diagnosis of Facts	118
象徵	シンボル	symbol	52
費爾蒙	フィレモン	Philemon	130

中譯	日文	原文	頁碼
集體潛意識	普遍的無意識	collective unconscious	72, 81, 86, 126, 200, 216
13 劃			
奧古斯丁	アウグスティヌス	Aurelius Augustinus	68
奧古斯塔・普烈斯沃克・費伯	アウグスタ・プライスヴェルク＝ファーベル	Augusta Preiswerk Faber	193
意見領袖	オピニオン・リーダー	opinion leader	145
意象	イメージ	image	52
意識	意識	consciousness	20, 24, 52, 56, 61, 66, 68, 72, 76, 92, 94, 110, 128, 132, 136, 146, 148, 157, 164, 168, 172, 199, 212, 216
愛	エロス	Eros	134
愛蜜莉・普烈斯沃克	エミーリエ・プライスヴェルク	Emilie Preiswerk	193
新教	プロテスタント	Protestantism	182, 190, 204
煉金術	錬金術	alchemy	46, 176, 210
瑞士	スイス	Switzerland (the Swiss Confederation)	40, 76, 178,182
聖母馬利亞	マリア	Maria	134, 142
14 劃			

中譯	日文	原文	頁碼
《夢的解析》	『夢判断』	Die Traumdeutung (The Interpretation of Dreams)	80, 118
《對死者的七次佈道詞》	『死者への七つの手紙』	The Seven Sermons to the Dead	198
《榮格全集》	『ユング全集』	The Collected Works of C. G. Jung	212
《榮格自傳：回憶・夢・省思》	『自伝』	Memories, Dreams, Reflections	42
精神分析（學）	精神分析学	psychoanalysis	60
精神醫學	精神医学	psychiatry	28, 36
赫曼・戈林	ヘルマン・ゲーリング	Hermann Wilhelm Göring	177
15 劃			
德意志聯邦共和國（德國）	ドイツ	Deutschland	78, 176
德蕾莎修女	マザー・テレサ	Mother Teresa	142
歐洲	ヨーロッパ	Europe	183, 202
歐根・布魯勒	オイゲン・ブロイラー	Eugen Bleuler	118
潛意識	無意識	unconscious	20, 24, 30, 32, 38, 44, 52, 56, 60, 66, 68, 72, 76, 80, 84, 92, 94, 102, 106, 111, 114, 127, 132, 138, 140, 148, 153, 156, 161, 164, 168, 172, 196, 198, 210, 214, 219
箱庭療法	箱庭療法	Sandplay therapy	34, 45

國家圖書館出版品預行編目(CIP)資料

圖解榮格心理學 / 長尾剛著；蕭雲菁譯. -- 修訂三版. -- 臺北市：易博士文化, 城邦文化事
業股份有限公司出版：英屬蓋曼群島商家庭傳媒股份有限公司城邦分公司發行, 2023.03
　面；　公分
譯自：手にとるようにユング心理がわ学かる本
ISBN 978-986-480-277-7(平裝)

1.CST: 榮格(Jung, C. G.(Carl Gustav), 1875-1961) 2.CST: 學術思想 3.CST: 心理學
170.189　　　　　　　　　　　　　　　　　　　　　　　　　　　112001928

圖解榮格心理學【更新版】

原 著 書 名／手にとるようにユング心理学がわかる本
原 出 版 社／株式会社　かんき出版
作　　　者／長尾剛
譯　　　者／蕭雲菁
選 書 人／蕭麗媛
執 行 編 輯／賴靜儀、許光璇、呂舒峮、謝沂宸

業 務 副 理／羅越華
總 編 輯／蕭麗媛
視 覺 總 監／陳栩椿
發 行 人／何飛鵬
出　　　版／易博士文化
　　　　　　城邦文化事業股份有限公司
　　　　　　台北市中山區民生東路二段141號11樓
　　　　　　電話：(02) 2500-7008　　傳真：(02) 2502-7676
　　　　　　E-mail：ct_easybooks@hmg.com.tw
發　　　行／英屬蓋曼群島商家庭傳媒股份有限公司城邦分公司
　　　　　　台北市中山區民生東路二段141號2樓
　　　　　　書虫客服服務專線：(02)2500-7718、2500-7719
　　　　　　服務時間：週一至週五上午09:30-12:00；下午13:30-17:00
　　　　　　24小時傳真服務：(02) 2500-1990、2500-1991
　　　　　　讀者服務信箱：service@readingclub.com.tw
　　　　　　劃撥帳號：19863813
　　　　　　戶名：書虫股份有限公司
香 港 發 行 所／城邦（香港）出版集團有限公司
　　　　　　香港灣仔駱克道193號東超商業中心1樓
　　　　　　電話：(852) 2508-6231　　傳真：(852) 2578-9337
　　　　　　E-mail：hkcite@biznetvigator.com
馬 新 發 行 所／城邦（馬新）出版集團【Cite (M) Sdn Bhd】
　　　　　　41, Jalan Radin Anum, Bandar Sri Petaling, 57000 Kuala Lumpur, Malaysia.
　　　　　　電話：(603) 90573833　　傳真：(603) 90576622
　　　　　　E-mail：services@cite.com.my
美 術 編 輯／呂昀禾
封 面 插 畫／詹凱迪
封 面 構 成／陳姿秀
製 版 印 刷／卡樂彩色製版印刷有限公司

TE NI TORUYOUNI JUNG SHINRIGAKU GA WAKARU HON
©TAKESHI NAGAO 2004
Originally published in Japan in 2004 by KANKI PUBLISHING INC. .
Traditional Chinese translation rights arranged with KANKI PUBLISHING INC. through
AMANN CO., LTD.

2008年11月25日 初版
2015年12月01日 修訂一版
2019年12月24日 修訂二版
2023年03月16日 修訂三版

定價350元　HK$117

城邦讀書花園
www.cite.com.tw